Herstellung und Verlag:
BoD – Books on Demand, Norderstedt
ISBN: 978-3-7534-9530-9

Für meine Enkelkinder

Alles strebt von Anfang bis Ende nach Vereinigung

Ewigkeit nicht

Wenn der Vorhang sich kaum bewegt

und andere Gedichte

Doris Mock-Kamm

Inhaltsverzeichnis

Abbild des Lebens

Ich habe kein Thema,
keine Wut im Bauch,
lebe nicht nach Schema,
taumle nicht im Rausch.

Ich brauche keine Botschaft,
die für euch ergibt einen Sinn,
keine ausgewählte Kundschaft,
der ich stets dienlich bin.

Ich habe auch keine Träume,
weder gute noch schlechte,
sodaß ich tagsüber nicht schäume
und vermiese eure Feste.

Ich habe Hunger bisweilen,
durstig bin ich auch,
das ist Grund zu weinen,
aber füllt keinen Bauch.

Ich sehe dann verschwommen
die Herrlichkeit der Welt
und denke leicht benommen,
ist es das, was euch fehlt?

Dies könnte eine Botschaft sein,
ihr sucht nur nach eurem Ich,
dabei ist das füreinander Dasein,
das Finden an und für sich.

Euch fehlt die Erkenntnis
der Vereinigung der Vielfalt,
dies ist das Geheimnis,
das die Welt für jeden malt.

Keiner Farbe wird es je gelingen,
zu zeichnen ein reales Bild,
erst wenn sie sich verbinden,
ergibt sich des Lebens Abbild.

Albatrosse im Baumhaus

Albatrosse flogen durch den kurzen Traum,
nie einen nah, geschweige denn real gesehen.
Oben im Baumhaus, unmöglich in dem Raum,
gibt es im Schlaf überhaupt was zu verstehen?

Kinderschreie hallen wie Echos durch den Ort,
die Pause wird genutzt für ihren Bewegungsdrang,
wer weiß, vielleicht ist noch nicht Abend dort,
sie spielen Verstecken, Fangen, du bist dran.

Auf den geschwungenen Serpentinen zum Strand
glitzern, funkeln nicht nur der Autos Karosserien,
ein Hund läuft kreuz und quer vom Fels zum Rand,
Glocken lassen an seinem Hals erklingen Melodien.

Drachenschreie zu hören von den Albatrossen,
sie klappern wie Störche, schnattern wie Hühner,
Autos hupen, der Hund nun heult, macht Possen,
Kinder spielen Räuber, Gendarm, Tim ist Anführer.

Das Baumhaus schwankt, es ist eine Hängematte,
der Hund beißt, nagt an einem karierten Pantoffel.
Im dem Meer tummelt sich Frau Lang mit Gatte,
sie vermanschen eine Kartoffel, noch eine Kartoffel.

Albatrosse flogen durch den kurzen Traum,
nie einen nah, geschweige denn real gesehen.
Oben im Baumhaus, unmöglich in dem Raum,
gibt es im Schlaf überhaupt was zu verstehen?

Real ist nur der Traum, Sinnbilder allenthalben,
nichts ist von Bedeutungslosigkeit, nichts zu beweisen,
die Symbolik hinter den Bildern, auch Schwalben
könnten das Bett mit ihren Flugbahnen umkreisen.

Alles möglich

Der See hat ihn verschlungen,
sein Körper, weiß aufgedunsen.
Zebras trampeln übers Land,
weit und breit kein Elefant.
Die Morgenröte tobt immerfort,
sie neidet dem Abendlicht das Rot.
Der Scirocco braust übers Meer,
in Europa steht nicht nur ein Heer.
Die neuesten Meldungen des Tages,
das letzte Eis ist weg, das war es.
Ein Rotkehlchen stimmt an ein Lied,
das Kind dem Tod leichter entgegensieht.
Die Mittagshitze kein Staub aufwirbelt,
alles ist von Dampf, Wolken eingenebelt.
Die Hündin jault in ihrem Käfig,
die Taten der Menschen sind schäbig.

Der See hat ihn verschlungen,
er blieb auf Jahre verschwunden.
Kinder bauen verträumt Sandburgen,
der Herbst naht, zeigt erste Spuren.
Der Mond soll heute nicht untergehen,
die erste Liebesnacht, Licht würde stören.
Libellen bevölkern den nahen Teich,
das Ufer ringsherum ist butterweich.
Ein leichter Wind umhaucht die Stille,
dies Geräusch, das war eine Grille.
Die Familie versammelt sich im Haus,
es wird gefeiert mit Saus und Braus.
Betty, John sitzen auf einer Parkbank,
Händchen haltend, Gott sei es gedankt.
Ein Angler einen Fisch ausnimmt, ein Ring
wird sichtbar, der Betty einst verlorenging.

Nichts ist möglich und unmöglich,
durch Gedanken oder Taten erträglich,
alles ist möglich oder unmöglich,
durch Gedanken oder Taten erklärlich.

Ankreiden

Die Kreide fast aufgebraucht.
An der Tafel stehen keine
Wörter mehr.
Jedes Ding bekommt
Zeichen.
Ein neues Zeichen.
Quasi ein anderes
Erkennen.
Ein paar Striche,
das muß ausreichen.

Die Kreide ist fast alle.
Kleine Stummel sind es.
Noch sind es viele.
Sie können nicht mehr
mit den Fingern
gefaßt werden.
Die Pinzette malt Codes
gegen das Vergessen.
Das Alphabet war
zu schnell ausgefüllt.

Ich steh nicht mehr
in der Kreide.
Keiner steht bei mir
in der Kreide.

Autopiloten auch nur Idioten

Wenn das denn ginge,
ich mich dem bediente,
könnte ohne Bedenken
Autopiloten Vertrauen schenken.

Mich gemächlich hinlegen,
das Gefährt wird es regeln,
Zielpunkt eingespeichert,
das Leben erleichtert.

Könnt mich satt sehen,
Däumchen drehen,
an nichts denken,
Technik kann lenken.

Streßfrei ankommen,
Glieder leicht benommen.
Zimmer ist reserviert,
schon wird das Essen serviert.

Klappt alles am Schnürchen,
etwas müde, ein bißchen.
Nichtstun macht träge,
Schnäpschen gut täte.

Man wird nicht wach davon,
etwas mehr braucht es schon.
Man will ja genießen,
Langeweile soll nicht verdrießen.

Schon nimmt der Alkohol
zu deinem Wohl
die Oberhand
über deinen Verstand.

Er ist der Autopilot,
sagt, du bist kein Idiot,
du bist der Beste,
hast dich im Griff, ganz feste.

Steigst in dein Auto,
Lebenskraft spürst du heute.
Die Automatik funktioniert,
wenn sie richtig programmiert.

Die Krux ist an diesen Sachen,
alle sich nicht darauf verlassen.
Drum wenn es auch ging,
mein Vertrauen in andere ist gering.

Bedenkenlos in den Krieg

Sie zog abermals lachend die Decke über den Kopf.
„Ei, wo ist er denn, der kleine freche Blondschopf?"
Und schon hatte er sie gefunden, sie hochgehoben liebevoll,
ein häufig gespieltes Spiel, trotzdem liebten sie es, wie toll.

Heute hatte er wenig Zeit für sie, denn ab morgen muß er fort,
wie lange, ein Monat, zwei, vielleicht mehr, war die Antwort.
Ein großes Mädchen wie sie versteht das doch, fünf war sie da,
als er ging, sein Gesicht, sein Geruch, noch Erinnerung war.

Dann nur noch Briefe, auch Worte für sie, Mama weinte,
aus Freude, Helene wußte, es war Trauer, Mama stets verneinte.
Er hat versprochen zu kommen, Bomben fangen die Briefe ab,
Schritte auf der Treppe, er ist hier, zieht die Decke weg und lacht.

Gewehrschüsse, Granaten vertrieben Bomben, sie flohen im Treck,
er wird uns finden, die Briefe wärmten ihre Brust, ihren Rücken die Deck'.
Sie standen am Bahnhof, sie kommen, die Letzten, die freigelassen,
er wird dabei sein, ganz sicher, laß uns an den Händen fassen.

Sie gaben sich die Liebe, die auch für ihn bestimmt,
Mutter im Grabe,
auf ihrer Brust seine Briefe, die Decke ist für Helenes letzte Bahre.
Sie zog abermals lachend die Decke über den Kopf.
„Ei, wo ist er denn, der kleine freche Blondschopf?"

Helene war erst fünf, als ihr Vater für Heimat, Ehre starb, ein Kind,
beraubt der Liebe, er war ihre Heimat, die man ihr vorenthielt.
Menschen, die keine Liebe kennen, keinen Respekt vor Leben haben,
schreien bedenkenlos nach Krieg, beachtet das stets vor allen Wahlen.

Bekränzt euer Haupt

Abgelegt,
die Kränze, die Blumen,
das Grab so bunt
erblüht.
Selbst der Frühling
findet hier
seinen Konkurrenten.

Abgelegt,
zugedeckt
mit Erde, Ästen.
Zeichen gelegt
zum Auffinden.
Darf man nicht
verwechseln?

Abgelegt,
damit
Erinnerung
nicht erlischt.
Kränze, Zeichen
sollen die Liebe
erhalten.

Abgelegt
die Sorgen
die Nöte
das Böse
die Wünsche
die Angst
zugedeckt.

Abgelegt,
der Freiheit
preisgegeben.
Nehmt
die Kränze,
schmückt
euer Haupt.

Der Kreis
als Zeichen
der endlosen Zeit,
in der Mitte
das Nichts, euer Geist
soll immer
eure Freiheit sein.

Bis der Nebel sich lichtet

Wehmutslichter
werden immer dichter,
schleichen durch die Landschaft,
nehmen Kraft.

Heller Nebelschleier,
Schatten werden kleiner,
umhüllen jedes Wesen,
als wären sie nie gewesen.

Schritte knallen,
verlieren sich in Hallen,
angefüllt mit Schweiß vermischter Luft,
todbringender Moderduft.

Herbsttage
erklimmen Seelen, auf einer Trage
vertäut alle Klagen,
die wir in uns tragen.

Schwingungen
verursachen langsame Bewegungen,
bis der Nebel sich lichtet,
und ein kleines Licht wird gesichtet.

Bist du es wirklich?

Bist du es wirklich?
Seh ich dich nicht jeden Morgen
zum Bäcker gehen,
Ecke Schiller-Platz!
Stets hektisch, gut gekleidet,
arbeitest irgendwo im Büro,
die braunen Haare, kurz,
du wirkst so selbstbewußt.

Bist du es wirklich?
Deine Spaziergänge, mittags,
führen dich in den Park,
wo große Kakteen stehen,
ein Goldfischteich gibt es da,
da verweilst du öfters länger.
Weiß scheinst du zu lieben,
der weiße Mantel steht dir gut.

Bist du es wirklich?
Seit wann fährst du U-Bahn?
Nie hätte ich gedacht,
dich hier zu treffen,
im Anzug, Aktentasche im Arm,
dein Haar gebändigt, rasiert.
Ich kann deine Augen nicht sehen,
sie starren in ein Buch, du bist vertieft.

Bist du es wirklich?
Du stehst jeden Morgen
an der Bushaltestelle,
hast selbst im Winter
Röcke an, du frierst,
lachst mit deinen Freundinnen,
du bist die Größte, du fröstelst,
dir ist immer kalt, sogar im Sommer.

Bist du es wirklich?
Dein Gegröle hört man,
bevor man die Kneipe betritt.
Die Stimme ist laut, überschlägt sich,
du bist erregt, fast nicht zu bändigen,
schon hast du zugeschlagen,
Gläser auf dem Boden,
einem Gast die Nase blutig gehauen.

Bist du es wirklich?
Dem, dem ich täglich begegne,
Bist du es wirklich?
Ein Teil von mir, ein Mensch,
der wie ich sich nicht im Leben auskennt,
der vieles weiß und sich bemüht.
Der gesehen wird, aus seinem Ich die Welt ansieht
und wie jeder in sein Sein flieht.

Blätter rauschen

Gierend schielen
sie zu den Tieren.

Sie pflegen Umgang
ohne Umhang
über der Seele,
Falschheit fehle,
um zu hassen,
ist das zu fassen!

Blätter rauschen,
Winde brausen,
Wasser quillt
vom Nebel verhüllt
aus der Erde,
damit ernähre
sich das Leben,
alle Wesen, eben!

Gierend schielen
sie zu den Tieren.

Sie pflegen Umgang
mit Umhang
über der Seele,
damit keiner stehle
ihr böses Gewissen,
ihre Narzißmen.

Blitze krachen,
Vulkane erwachen,
Menschen fliehen,
manche knien,
andere fluchen,
versuchen
zu rechtfertigen.
Da, ein Stern!

Blondine irritiert

Er stand gerade zwischen dem Haustürrahmen
auf dem Weg zu den Tonnen bei den Garagen,
als eine junge Frau, eine Blonde auf dem Fahrrad,
zu ihm hinschaute und ihn laut anrief: „Guten Tag!"

Schon war sie hinter der Gartenhecke
verschwunden,
vernahm er einen lauten Knall für mehrere Sekunden.
Die Müllsäcke ihm einfach aus den Händen fielen,
da bemerkte er erst, wie Schockwellen durch ihn liefen.

Sich dessen nicht bewußt, da rannten schon seine Beine
bereits zur Straße hin, um den Zaun, in wieselflinker
Eile,
um der jungen blonden Frau nach dem Sturz zu helfen,
denn der Krach konnte keine andere Antwort aufwerfen.

Da hörte er schon laute hohe, tiefe japsende Stimmen,
sein Herz pochte, der Körper erzitterte wie von Sinnen.
Fahrrad auf dem Boden, die Blonde vornübergebeugt,
Hände stützend auf den Knien, der bellende Hund
beäugt

den Nachbar, der gekrümmt sich seinen Bauch festhält
und ein fellendes Etwas zwischen seinen Händen wälzt,
eine Szene, die so gar nicht die panische Besorgnis,
die ihn hat hierher getrieben, zeigt, sie ist eher Zeugnis

von außer Rand und Band, vom Zwerchfell
strapazierenden
Lachen durchdrungen. Kein Grund zur Sorge und
weiteren
Gedanken zu Hilfestellungen. Sein Nachbar irritiert, er
stand,

als er das laute „Guten Tag!“ vernahm, die Leine an der Hand,

am gußeisernen Gartentor auf dem Weg zum Gassi gehen,
vor Schreck ließ er das Tor los, der Hund blieb nicht stehen,
er war schon außerhalb, zog sein Herrchen gegen das Tor,
wodurch dieser seine Perücke und sein Gleichgewicht verlor.

Beide gleichzeitig, kein Anstand konnte sie vor Lachen schützen,
die Blonde deshalb lieber vom Fahrrad stieg, um nicht umzustürzen.
Nun standen die Drei, nachdem die Situation geklärt auf weiter Flur,
lachten sich krumm, dem Hund befremdlich der ganze Aufruhr.

Botschaft des Hermelin

Hermetisch abgeriegelt
Hermetisch umzingelt
Hermetisch weggesperrt
Hermelinkragen, er
Hermelinmantel, sie

Hermetisch vereint
Hermetisch verlogen
Hermetisch klassifiziert
Hermelinkragen, er
Hermelinmantel, sie

Hermetisch geschützt
Hermetisch versiegelt
Hermetisch geschlossen
Hermelinkragen, er
Hermelinmantel, sie

Hermetisch, Götterbote
Hermelin, Wiesel
Botschaft, Tod
Hermelinkragen, er
Hermelinmantel, sie

Undurchdringlich
eure Botschaft?
Das Wiesel
ist tot.

Dann war auch die Liebe weg

Sie stand an der hinteren Gartenpforte,
ein kurzer letzter Blick zurück zur Tür,
sie ahnte, bevor sie wußte, hierfür
gab es nie mehr die richtigen Worte.

Ach was, Worte, Aussagen, Sätze
trafen schon lange nur ins Leere,
zurück kamen verletzende Speere,
voll listenreicher scheinheiliger Etikette.

Schließlich brauchte man sie bisweilen,
dafür lohnte es sich, mit den Ehrlichkeiten
sparsam zu sein, denn bei Widrigkeiten,
zum Ausheulen, zur Hilfe bei den Kleinen

konnte man sich immer auf sie verlassen.
Doch dies sind keine Werte für Freunde,
die haben alle viel Geld in ihrer Scheune,
da zählt der Mammon als Wert, das Prassen.

Das waren die ersten kleinen giftigen Pfeile,
peinlich, wie ärmlich sie lebt, zum Schämen
ist dies, auch ist sie stolz, kennt kein Grämen,
für ihr Alter zu jugendlich, nie in gestreßter Eile.

Dies der letzte Besuch, die Freunde bereits
zum Feiern durch die große Haustüre kamen,
wurde sie lächelnd mit linkischem Umarmen
verabschiedet, da war ihr Leben längst abseits.

Seitdem war keine Hoffnung auf Verständigung,
und es wurde klar, da war auch die Liebe weg,
für Liebe gibt es keine Hintertür, sie ist kein Fleck
auf dem Herzen, sie ist Seelenergänzung.

Den Hut ins Gesicht gezogen

Er lehnt an der rot bemalten Straßenlaterne,
den dunklen großen Hut mit Krempe
tief ins nicht sichtbare Gesicht gezogen,
Rauchschwaden steigen nach oben.

Die Schaufenster scheinen hell,
Schaufensterpuppen gekleidet in grell.
Die Signalfarben der Mode konkurrieren
mit den Leuchten für die Straßenschienen.

Welche Gedanken mögen ihn berühren,
ohne Bewegung, ohne sich zu rühren?
Die Fensterfront des Cafés ist beschlagen,
Stirn zu nah, ich will Wahrheit erfahren.

Seine Kleidung wirkt glänzend, fast neu,
seine lässige Haltung vermittelt keine Scheu,
er scheint selbstbewußt in sich versunken,
wieso steht er hier gefühlte Stunden?

Vielleicht hat ihn seine Freundin versetzt,
wartet, daß der Ehemann die Wohnung verläßt?
Das Wetter heut macht seinem Namen alle Ehre,
es stürmt, regnet, man läßt keinen Hund vor die Türe.

War da nicht eine kleine, fast unmerkliche Regung?
„Zahlen sie bar?“, fragt die etwas ältere Bedienung.
Er fällt vornüber, die linke Hand in der Hosentasche,
Kleister und Pappmaché verschmieren die Straße.

Der Wicht heißt Phantasie

Alle Gedanken weggewischt,
von einem kleinen Wicht.
Der darf sich alles erlauben,
fleißig ist im Hirn abstauben.

Die Leere ist sein Gebiet,
er sie inniglich liebt.
Freiheit, keine Grenzen,
Ideen können glänzen.

In Wirklichkeit er ein Großer,
ein Gedankenmüllzerstoßer,
wenn er nicht mehr putzt,
das Leben ist verpfuscht.

Wenn Gedanken sind verklebt
Unordnung, Chaos lebt.
Der Wicht heißt Phantasie,
in der Endlosigkeit ein Genie.

Des Dichters lächelndes Gesicht

Es gibt so bestimmte wiederkehrende Tage,
da stellt sich die oft aufdrängende Frage,
bist du der, das denkt, fühlt, das wirklich, das Ich,
oder verwirrt durchs Alter, dem Alter Ego, oder nicht?

Um es vorweg, den Wind aus den Segeln zu nehmen,
beide bestimmen nicht nur mein, sondern aller Leben.
„verus amicus est, (Metrik aus)
tamquam alter idem." (Ende Paus´)

„Ein wahrer Freund ist (stört´s?)
gleichsam ein zweites Selbst." (hörst?)
Wir gehen oftmals beherzt, fröhlich Hand in Hand,
manchmal fehlt aber der gemeinsame Verstand

vom wahren Freund, dem steten Gegenüber,
der denkt nicht mit, sondern fühlt mal lieber.
Du bist kurz davor, ihm einen Arschtritt zu geben,
ich weiß, mit diesem Wort benimmt man sich daneben.

Doch was soll die falsche auferlegte Etikette,
es gibt halt auf der Welt Böse und ganz Nette.
Mit dem Alter wird man sich eben bewußt,
„Zwei Seelen wohnen, ach, in meiner Brust!"

Der Goethe war ein großer Dichter,
nahm es vorweg, da bin ich sicher,
das Alter, das Alter Ego und ich,
wir sind alle aus dem gleichen Gemisch.

Das Alter gibt zurück die Narrenfreiheit,
die Kindern ihre große Phantasie verleiht,
das Alter Ego und ich stehen ganz dicht,
freuen uns über des Denkers lächelndes Gesicht!

Diebe der Wahrheit

Fingerknöchel blutig
kein schlagen
sie graben

Wurzeln zerfetzt
kein Blut
keine Wut

Flammen zündeln
Feuer legen
Ascheregen

Zerstörung vorantreiben
Reichtum ordern
Geld fordern

Hetze
macht reich
wird Ölscheich

Tatsachen verschmieren
Wahrheiten vergehen
Lügen stehen

Menschen stören
Me first
Hoscht mi

Die Welt wird schön gereimt,
damit andere angeleimt,
Unsicherheit, Unfrieden gepflanzt,
damit alles nach deren Pfeife tanzt,
Aufklärung, Freiheit, Nächstenliebe,
Toleranz erbeuten sie, diese Diebe.

Die Kirschen aus Nachbars Garten

Die Regierung betreibt Links-grün-versiffte Politik,
da haben wohl einige einen Knick in der Optik,
überall nur Anzugträger und Kostümträger,
versteckte Kommunisten-, Sozialistenjäger,
Verantwortliche, die sich nicht trauen,
Nächstenliebe für alle in Stein zu hauen.

Ohne linke, grüne, auch rote meinetwegen,
Ideen, Anregungen, nichts Neues würd´s geben.
Umweltschutz, Ökologie, Atomausstieg, Inklusion,
nicht Politikergeist gewesen, nicht deren Bastion.
Verteidigt wurden „war schon immer so“-Sprüche,
doch zunehmend kam das Kapital auf die Schliche,

die Anzugträger mit Schlips und Kragen also,
mit Klima ein neuer Geschäftszweig, mehr Saldo.
In welchem Aufsichtsrat, Institution sitzt ein „Hippie“?
Nirgendwo, nur akkurat Rasierte, glatt Frisierte,
die nur den Wert Kapital verwalten, predigen
etwas von zusammenhalten, das sind die „Niedrigen“.

„Alternativ“ ist der neue Faschismus, die Diktatur,
zur Kontrolle der vielfältigen Schöpfung, der Kultur.
Helden, freie Geister stellen sich vor Schwache,
dies ist Verantwortlichkeit, Beschützers Sache,
anstatt Phantasie, Kreativität zu unterdrücken,
wäre es nötig, daß „Schöpfer“ in der Verwaltung sitzen.

Wer sitzt nochmal in der Politik, Wirtschaft, in Verbänden?
Diejenigen, die Inspirationen nehmen, einzwängen,
verstecken für sie nach Utopie klingende Ideen,
werden damit bei gegebener Zeit das Kapital vermehrn.
Das Leben bestimmt keine Links-grün-versiffte Politik,
wer das behauptet, klaut die Kirschen aus Nachbars Garten, sehr geschickt.

Die Mär vom Frieden

Hoch die Tassen,
laßt uns ein Faß aufmachen,
die Bomben haben uns nicht getroffen,
auch sind wir nicht im Meer ersoffen.

Wir haben überlebt,
weil uns das alles nichts angeht.
Warum uns um andere kümmern,
schließlich geht es uns schlimmer.

Sie fressen uns hier die Nahrung weg,
die wir gespendet für einen guten Zweck.
Weil uns sonst die Obdachlosen
noch aus den Wohnungen holen.

Miete, Strom, Wasser, alles wird teurer,
Urlaub auf den Bahamas, wegen der Steuer,
wir haben genug Probleme,
wär doch gelacht, das bequeme

Leben zu investieren,
nur damit andere nicht mehr frieren.
Wenn sie sich nicht anstrengen,
warum soll ich darüber flennen.

Keiner muß unter der Brücke schlafen,
selbst schuld, wenn sie im Leben versagen.
Es gibt halt auch Pflichten, Regeln,
wer sich nicht dran hält, für den gibt's kein Segen.

Die Kriege, die die anderen führen,
sind Mittel zum Zweck, das Herz zu rühren,
damit wir noch mehr zahlen müssen,
es reicht doch schon das Geld fürs Aufrüsten.

Der Mensch war schon immer so drauf,
für Leid, Raub macht er die Taschen auf,
seid froh, in der richtigen Nation hineingeboren,
wir kommen deshalb davon, ungeschoren.

Wir sind für nichts verantwortlich,
Politik, Wirtschaft kümmern sich,
sie haben sich wählen lassen,
damit sie mit fremden Geld können prassen.

Gegönnt sei das ihnen, dafür sind sie da,
sie machen wahr, was schon stets wahr war.
Im Ernstfall opfern sie sich für uns,
außer sie fliehen, wenn es richtig rumst.

Hoch die Tassen,
laßt uns Fässer aufmachen.
Die Mär vom Frieden,
die wird auch in Zukunft nicht geschrieben.

Dreck am Stecken

Wenn er hat Dreck am Stecken,
wie kann man den verstecken?
Er zeigt auf anderer Leute Stirn,
er trägt Hosen aus feinstem Zwirn,
er gibt sich als Hoffnungsträger,
als Moral- und Anstandsjäger,
derweil seine eigene Familie bangt,
da sind Zornesausbrüche bekannt.

Er regiert streng sein Zuhause,
er ist der Souverän ohne Pause,
dafür braucht er keinen Alkohol,
es gilt nämlich nur sein Wohl,
andere sind eben interessant,
wenn sie ihn finden imposant.
Er ist über alles und jenes erhaben,
er darf sich an Köstlichkeiten laben.

Nun hat er so viel Dreck am Stecken,
läuft gebückt seine Wegstrecken
als Zeichen sittsamer Frömmigkeit
und vorgetäuschter Allwissenheit.
Er versteht sich so gut aufs Blenden,
die Leut´ zuhauf ihm Geld spenden.
Sie hofieren ihn wie einem König,
sind ihm treu, einschmeichelnd, hörig.

Dafür ergreift er für sie das Wort
und öffnet ihnen so manche Pfort´.
Er läßt sie dafür als Masse antraben,
seinen Dreck am Stecken wegschaben.
So lebt er völlig sorglos ungeniert,
wer ihm nicht folgt, wird ruiniert.
„Kenn ich den, über den du sprichst?"
„Es ist der, der Nächstenliebe auffrißt!"

„Wenn er seine böse Absicht abstreitet?"
„Du erkennst ihn, da er Angst verbreitet!"

Dummheit anlocken

Du kannst in deinem warmen Zimmer sitzen,
versuchen geistige Armut herauszuschwitzen,
du kannst über deine Handlungen frohlocken,
du trägst keine mehrfach gestopften Socken.

Durch dein ständiges nur gutes Essen fassen,
willst du dir den wahren Weg bestätigen lassen,
dafür stürzt du dich in immens große Kosten,
zur Abreaktion kann man Haß und Wut posten.

Oder du gönnst dir erotische Wohlfühlmassagen,
hetzen rentiert sich, das kannst du gewiß sagen.
Nach außen gibst du den sittlichen Saubermann,
der sich weiß Gott nicht um alles kümmern kann.

Ehrliche aufrechte Menschen sind dir zuwider,
deshalb bezahlst, behandelst du sie wie Diener.
Du träumst dir nur dein Leben romantisch schön.
Gemeinwohl, Frieden für alle sind Dinge, die störn.

Du kannst noch so lange im warmen Zimmer sitzen,
du bleibst ein Stinkstiefel, da nützt kein Schwitzen.
Zur geistigen Größe gehört mehr als edle Socken,
sie reichen aber aus, um Dummheit anzulocken.

Ehe man sich versieht

Serafin und Seraphine
erstes Treffen in der Kantine.
Ein flüchtiger Blick,
da bahnte sich Glück.

Wegen beider Schüchternheit
vergingen Tage, verging Zeit.
Wie anfangen, wo beginnen,
beide Anfänger in diesen Dingen.

Der vielen Schmetterlinge wegen,
ein Stolpern, im Arm gelegen.
Verzeihung, Ungeschicklichkeit,
im Gespräch bis in die Ewigkeit.

Er, Serafin, sie, Seraphine.
Gleiche Namen, Zufall.
Geschwister, keine Geschwister.
Französin, Deutscher.

Angst vor Fischen im Meer,
Insektenphobie ein bißchen.
Studienaufenthalt, Angestellter.
Punkmusik, Balladen.

Streit, wieder Versöhnung.
Gemeinsame Wohnung, getrennt.
Hochzeit ohne viel Tamtam.
Keine Kinder, viele Reisen.

Serafin auf dem Fußballplatz,
der Torwart sein Enkel.
Seraphine umklammert die Enkelin,
schaukelt das Baby auf ihren Knien.

Eine Art Stil

Der Hut saß nicht richtig,
doch das war nicht wichtig.
Daß der Lippenstift verschmiert,
war schon anderen passiert.

Schlimmer war das Kleid,
das war nicht nur zu weit,
sondern auch zu lang,
das störte beim Gang.

Den Gürtel zu knoten,
die Ästhetik hat es verboten.
Schließlich hat man Gefühl,
selbst in jungen Jahren eine Art Stil.

Das Problem läßt sich lösen,
man muß nur das Kleid anheben,
lässig mit der Schultertasche,
ein Griff, keine große Sache.

Mit Mamas Schuhen, beim Gehen
muß man sowieso achtgeben.
Der Spiegel zeigt das Ergebnis
vom Erwachsenenspiel-Erlebnis.

Er wird es für sich behalten,
Nina auf dem Weg begleiten,
ins Leben hineinzuwachsen
ein Genuß, ihr vertrauensvolles Lachen.

Eine Woche ohne dich

Am Dienstag hab ich an dich gedacht,
die Gedanken haben mich fast um den Verstand gebracht,
bin stundenlang durch den Wald gelaufen,
die Natur sollte meinen Geist berauschen.

Am Donnerstag taten mir die Füße noch weh,
Freitag und Samstag hielt ich Ausschau, ob ich dich seh
in der Bahn oder durch die Fußgängerzone laufen,
vielleicht beim Schlendern oder Einkaufen.

Am Sonntag lag ich im Bett, krank und fiebrig,
vor meinen wässrigen Augen, deine Figur, deine Mimik,
ich litt unter Hitzewellen, und Kälte ließ mich erschauern,
so konnte es nicht weitergehen, mein Zustand war zu bedauern.

Am Mittwoch sah ich dich wieder, händchenhaltend mit einem Mann,
du beugtest dich zu mir nieder, lächeltest mein Herrchen an.
„Ah, das ist doch mein Freund von neulich aus dem Park,
der Schmuseeinheiten und so gern Ballspielen mag!"

Ein frischer Ehering

Das Hotel lag weit draußen, abgelegen,
Ina soll von der Pike auf lernen, von wegen
Vorteile im Beruf, steile Karriere,
ihre Eltern bestanden auf die Lehre.
Zimmermädchen, Küche, Bedienung,
kaum Freizeit, wenig Abwechslung.

Ina war das im Moment völlig egal,
was ist schon Zeit, relativ, keine Qual.
Die hatte sie hinter sich, war krank
nach dem Freundschaftsabbruch, Frank
hatte sie wegen einer anderen verlassen,
sie brauchte Wochen, um sich zu fassen.

Die ersten Wochen herrschte Hochbetrieb,
die viele Arbeit, der viele Streß war ihr lieb.
Sie fand Freunde in Susanne, Klaus, Till
und Jules, ein Gast, der wieder kommen will.
Susanne war bereits im zweiten Lehrjahr,
sie unternahmen viel, dafür war sie dankbar.

Jules kam tatsächlich nach Wochen wieder,
etwas zittrig gestand er Ina sein Liebesfieber.
Ina fand ihn sehr charmant, er sprach sanft,
gebrochen Deutsch, sein Wesen unverkrampft.
Ina erwiderte die Gefühle, es fühlte sich gut an,
zu küssen, zu schmusen wie Frau und Mann.

Zufällig hörte Jules flüsternde, aufgeregte Worte,
Susanne, Ina sprachen über eine Hochzeitstorte,
sie sprachen über Zukunft, Heirat, Liebe, Kind,
Brauchtum, Kniefall, Tradition, schönen Ehering.
Am nächsten Morgen war viel Trubel, Hektik,
Hochzeitsgäste kamen, noch war nicht alles fertig.

Jules ließ sich den ganzen Tag nicht sehen,
Ina spürte trotz Streß, sich nach ihm zu sehnen.
Es war bereits sehr spät, weit nach Mitternacht,
als die ersten Gäste sich in die Zimmer aufgemacht.
Plötzlich kniete Jules vor ihr, naß und dreckig.
„Ina, habe dir gefangen einen frischen Hering."

Einhorn in Waren

Vor hunderten von unzähligen Jahren
lebte im Kleinstädtchen mit Namen Waren
ein liebliches weiß schimmerndes Einhorn,
am Ufer der Müritz im Schilfbett geborn.

Es wandelte des späten nachmittags,
aber auch des sehr frühen vormittags
durch die Straßen, Plätze und Gassen
und hat es sich sehr gutgehen lassen.

Obwohl es seine Hufe stets polierte,
Mähne geflochten, es froh stolzierte
trotzdem unerkannt durch den Ort,
ein Einhorn sah niemals jemand dort.

Am Geschirr, am Sattel die Glöckchen,
klangen hell wie Schneeflöckchen.
Kinder nur die sanften Töne vernahmen,
Große die Melodie nicht wahrnahmen.

Eines Sonntags im Wonnemonat Mai
ritt ein stattliches Pferd an ihm vorbei.
Es entstammte einer Gauklertruppe,
doch wo Liebe, die Herkunft ist schnuppe.

So zog das Einhorn weg aus Waren,
niemand hat bis heut davon erfahren.
Beide ziehen seither immer mal wieder
durch und an Einhorns Geburtsort vorüber.

Keiner merkt ihre Anwesenheit am Platz,
sie genießen diese Ruhe wie einen Schatz.
Kinder hören leises Bimmeln ab und an,
vielleicht ist an dem Gedicht was Wahres dran.

Entfernungen sind relativ

Ich erinnere mich
an dein Gesicht.
Du lachst.
Du weinst.
Du sprichst.

Ich erinnere mich
an deine Bewegungen.
Du gehst.
Du rennst.
Du machst Verrenkungen.

Ich erinnere mich
an dein Wesen,
als wär es
gestern gewesen.
An deinen Willen,
deine Neugier war
kaum zu stillen.

Ich erinnere mich
an dich.
Du bist mir nah,
obwohl dies
nicht mehr wahr.
Ich erinnere mich,
ein wertvolleres
Geschenk
gibt es nicht.

Entfernungen
sind relativ.
Fühl dich aus der Ferne
zärtlich umschlungen.

Erinnerung aus den Angeln heben

Die Tür knarrt, scharrt, schabt, knirscht,
sie hält nicht mehr in der Falle fest,
es scheint sie lebt, sie lebt vom gestern,
lebt und erzählt von den Geschwistern,
die durch sie ins Wohnzimmer rannten.
Alle Freunde, alle Bekannten
gingen durch diese Tür,
sie vermißt das Leben, was kann sie dafür.

Erst war es nur ein Fenster, das zersplittert,
durch den Wind, leicht verspielt, sie erzittert.
Nach und nach stahlen dunkle Gestalten
die letzten Reste, die das Haus verwalten,
verwahren sollten für ihre Rückkehr,
aber es gibt wahrscheinlich keine Wiederkehr.
Niemals mehr wird das Haus belebt
von der Freude, Liebe der Familie Samet.

Bei Nacht und Nebel verließen sie den Ort,
das Haus, ihre Heimat, Flucht, fort, nur fort.
Kein Abschied, ein paar Koffer, das nötigste,
noch Kraft, kein Leid mehr, schien das Beste.
Ihre Geräusche heulen nicht nur auf bei Wind,
ihre Wehmut schreit sie nun geschwind
bei dem leisesten, kaum merkbaren Luftzug
schlägt, knallt die Wohnzimmertür auf und zu.

Sie waren meine Freunde, meine Gefährten,
unser Reich war riesig, wir liebten die Gärten,
wir tobten durchs Haus, bei ihnen, bei mir,
bis ihr Vater beobachtet, kam ins Visier
von Männern, die zwangen ihn zum Schweigen
er durfte über Mißstände nicht mehr schreiben.
Er schwieg, nicht lange, da konnte er nicht mehr
schweigen über die Gewalt, er setzte sich zur Wehr.

Kann denn niemand die Tür zum Schweigen bringen,
ihre Sehnsuchtstöne lassen mein Herz zerspringen!
Herr Samet wurde verhaftet, gefoltert, bedroht,
nicht nur Mama und Papa halfen ihnen in der Not.
Nun machten sie auch vor den Freunden nicht halt,
sie beobachteten, lauschten, verdrehten jeden
Sachverhalt.
Wie helfen den Freunden, dem Nachbar, dem Nächsten,
es gab geheime Treffen bei uns in den Nächten.

Und dann kam der Morgen, meine Freunde weg,
das Haus war still, nur noch einsamer Fleck.
Sie kommen wieder, gewiß, irgendwann.
„Mama, bin ich dann erwachsen, ein Mann?“
Nach Wochen erst wurde uns Nachricht gegeben,
aus einem fernen fremden Land, sie leben.
Papa, bitte geh rüber, hebe die Tür aus den Angeln,
solange sie erinnert, bleibe ich im Schmerz gefangen.

Es gibt keinen Grund

Ich habe heute,
es gibt keinen Grund,
keinen Geburtstag,
keine Hochzeit,
kein Muttertag,
den zu vergessen,
ziemt sich für
viele nicht,
kein Muttertag also,
keine Prüfung bestanden,
kein liebes Wort
an jemanden gerichtet,
den Teller nicht
leergegessen,
quatsch, das Essen
auf dem Teller,
an niemanden
ein Küßchen verteilt,
nicht mal an
den Kater,
kein Valentinstag,
kein Tag, der in
irgendeiner Weise
den Hauch
eines zu feiernden
Tages sein
würde können,
auch an die
Katze nicht,
kein Vatertag
ist heute,
sollte er
gefeiert werden,
ein Tag,

der allen Tagen
entspricht,
ein Herz geschenkt
bekommen,
zwei Herzen
geschenkt bekommen,
nein, es sind drei,
das angeknabberte
Kleeblatt,
den Schattenwurf
des angeknabberten
Kleeblattes,
und das Herz
der Phantasie.

Fahr schneller, du Frosch!

Frühmorgens,
Wecker klingelt,
kein Traum,
Chaos
sich entwickelt.

Katze maunzt
im Schlaf.
Ruhestörung.
Spielball im Weg,
ausgerutscht.

Blauer Fleck
am Schenkel.
Kaffee
falsch dosiert.
Lahme Brühe.

Fahr schneller,
du Frosch!
Hast du keine
Augen im Kopf?

Da kannst du
lange hupen.
Der Parkplatz
gehört mir!

Guten Morgen!
Guten Morgen!
Einen Kaffee?
Nein, danke!

Bin wach seit vier.
Fünf Kilometer
gejoggt, ausgiebig
gefrühstückt!

Frau Rhinozeros

Die Frau Rhinozeros
lebt nun bei uns im Erdgeschoß.
Sie ist eine nette alte Dame,
schließt dich in die Arme
bei jeder Begrüßung,
kein Entrinnen bei der Tuchfühlung.
Sie meint es nicht böse,
sie liebt das Pompöse.

Ganz vernarrt ist sie
in alles Geflitter, es ist ihre Manie,
die Wohnung gleicht einem Königssaal,
weiß, rot, gold und Samt, überall.
Die Rahmen der Bilder und Spiegel
sind verschnörkelt, sie besitzt eigene Siegel,
damit frankiert sie Postkarten, Briefe,
manche schaffen es bis zum Ziele.

An ihren Händen stecken Ringe,
damit könnte man, wenn es ginge,
einen Gürtel gestalten,
nicht nur für schlanke Gestalten.
Und nicht, daß jemand denkt,
das sei Plunder und ihr bloß geschenkt.
Alles ist echt, kein Scherz,
sogar ihr übergroßes freundliches Herz.

Die Frau Rhinozeros
war in ihrer Jugend ganz famos,
hoch oben in den Zirkusseilen,
Menschen vergötterten sie, allenthalben.
Sie wohnte in einer Villa mit Park,
und als das Geld wurde knapp,
entschloß sie sich, dies aufzugeben,
damit sie das persönliche Pompöse kann weiterleben.

Gedankenelfen

Wellen schlagen an die Felsen,
erschrecken die zarten Elfen,
die auf der Insel wohnen,
sich mühen, ganz oben zu thronen,

auf der Felsen höchsten Gipfel,
in der Bäume-, Büschewipfel,
um Gefahren abzuwehren,
die die Inselwelt könnten stören.

Elfen, Naturgeister, Lichtgestalten
werden oft für Schwäne gehalten.
Erklingt Gesang voll trauriger Schönheit
und seelischer Beschwingtheit,

ist der letzte Atemhauch nicht fern,
die Insel der Gedanken verwaist, wird Stern.
Vielleicht waren sie zu unaufmerksam,
Böses griff den Inselbewohner an.

Vielleicht war es einfach der Zeitenlauf,
der bestimmt, ob eine Insel ab- oder auftaucht.
Dies ist Schicksal, Glück, Pech, aber irrelevant,
Nebelgestalten, Elfen nehmen dich an die Hand,

führen dich mit dem Wissen, den Vorkenntnissen
deiner Gedankeninselwelt zu den Hindernissen,
den Errungenschaften, die du erdenkst, gewählt
zur steinigen, sandigen, blumigen, neuen Inselwelt.

Geschlossene Flügel

Mach doch mal ein anderes Gesicht,
du wirkst verhärmt, verbittert, fürchterlich.
Da fing sie an, überall zu suchen, zu kramen
in Schränken, Kommoden, Schubladen.
Nichts wollte so richtig passen,
es war vorauszusehen, nicht zu fassen.

Wenn man mal was zur Freude braucht,
ist nichts vorhanden, der Kopf raucht.
Da hat man schon eine riesige Auswahl,
lieblich, verspielt, gierig, böse, neutral,
ein Schutzanzug wär nötig, durchaus
tät´s so etwas wie ein Schneckenhaus.

Anderseits warum so viel Mühe machen,
für andere trotz schlechter Laune lachen?
Vielleicht sollten sie die Einstellung ändern,
das Leben spielt an vielen Charakterrändern.
Wer das Herz mit geschlossenen Flügeln nicht sieht,
die Seele nicht, nur glänzende Oberflächigkeit liebt.

Gesichter verloren

Ihre Gesichter verloren,
neue Geschichten geboren
zum Zweck der Erkenntnis,
denn von nichts kommt nix.

Sie irrten umher,
das Tragen war schwer,
die Mühe der Last,
Vergessen macht keine Rast.

Sie spürten die Liebe
wie Peitschenhiebe,
Zweifel nicht erlaubt,
der goldene Käfig erbaut.

Ihre Gesichter verloren,
neue Geschichten geboren.
Die schwankenden Brücken
der Führer galt es abzunicken.

Probleme gab es gemeinsam,
das Individuum war kein Sein,
dem man sich widmete,
das Führerwort erzitterte.

Sie gaben alles, befreit sein
die Devise, kalt scheinen,
galt als begriffen haben,
der Oberen Recht zum Laben.

Ihre Gesichter verloren,
neue Geschichten geboren.
Wer kann jetzt noch errettet?
Die inneren Kinder im Herzen gebettet.

Grüne Jacke

Du hast es gewußt,
zumindest geahnt.
Deine Frage beantwortet
all meine Fragen.
Die Jacke trage
ich jetzt seltener,
sie wird geschont,
Erinnerung an mich,
so sagtest du.

Wir sehen uns wieder,
irgendwann, irgendwo,
in einem anderen Land,
in einem anderen Reich,
reichen uns die Hände
oder nicht.
Wir sind Fremde?

Reichen uns die Liebe,
vergessen die Zeitdiebe,
reichen uns die Fragen,
die das Herz
kann ertragen.
Und falls wir uns
verpassen sollten,
Leben ist auch
Donnergrollen.

Wir sehen uns wieder
jeden Tag,
seit ich dir
Antwort gab.
Nie bist du vergessen,
wir sitzen am Tisch
und essen.
Du bist da,
auch wenn ich längst
vergessen.

Was bleibt,
die grüne Jacke,
das Glück,
das ich mit dir hatte.
Fragst du mich wieder.
Ich die Frage erwider.
Meinen Tod
erleb ich allein,
in meinem
Leben
warst du der
Sonnenschein.

Hallodri und Halunke

Hallodri und Halunke
wachen nebeneinander auf,
sie waren in der Spelunke,
schliefen ihren Rausch aus.

Erschrocken sind sie beide,
fremd das Angesicht,
schwer nicht nur die Beine,
bleiern das Gleichgewicht.

Trotz des Kopfes Dröhnen
sie sich freundlich begegnen,
warum jemanden argwöhnen,
der mit dir im Park gelegen?

Zum Abtritt müssen sie torkeln,
den Frühschoppentrunk
brauchen sie nicht besorgen,
im Park geht Schnaps reihum.

Mittagszeit ist längst schon,
auf des Parkes Wiesen
tummeln sich viele ohne Lohn,
die von vorneherein verlieren.

Hallodri sonst geflissentlich
sein Leben meistert,
Halunke schlägt sich
durch, das ihn begeistert.

Sie trinken auf Freundschaft
und bessere Zeiten,
Hallodris Vertrauen erschlafft,
selbst nicht beim Geldausleihen.

Langsam wird es Abend,
ein Alter reicht Hallodri sein Bier:
„Nicht bis zum Weltenend
ist der wieder hier.

Mit ihm kann man saufen,
aber er ist nicht wie wir,
vom Leben will er weglaufen,
er ist nicht gestrandet, deshalb hier.

Er lacht uns Gestrandete aus,
beherrscht Stehlen und Lügen,
Ehrlichkeit treibt ins Armenhaus,
er hält es lieber mit Betrügen.

Trink mit mir das Bier leer,
du bist als Freund willkommen,
Halunken sind keine Tränen wert,
egal ob reich, unten angekommen."

Hast du gesehen?

„Hast du den Typ auch gesehen?"
„Den mit den großen Zehen?"
„Wo guckst du denn hin?"
„Er hat auch ein zu großes Kinn.
Und diese meerblauen Augen,
das sind Linsen, das kannst du glauben!"

„Mensch, Viviane, du bist ja mies drauf!"
„Nein, bin ich nicht, ich mach nur meine Augen auf!
Und du läßt dich irreführen,
durch Augen, die blink, blink, irritieren.
Den Kerl, den du meinst,
der ist keine Träne wert, die du weinst."

„Woher willst du das denn wissen?
Bist du eifersüchtig ein bißchen,
oder mehr, weil er mich anlächelte?"
„Oh, sein liebevolles Gefächele
mit seinem unwiderstehlichem Charme,
das wendet er bei jeder und jedem an!"

„Was du nicht sagst, oh, Viviane,
es ist doch nicht das, das ich erahne.
Warst du etwa mit ihm in der Kiste,
da hat er - und du erschrocken, biste…?"
„Ach, Coco, du und deine Phantasien!
Er ist Bademeister im ‚Aqua-Marin'!"

Heute gab's Pralinen

Habe keine Sehnsucht, berühmt zu werden.
Mein Name muß nicht an jeder Litfaßsäule prangen.
Brauch kein Denkmal, auf das die Tauben scheißen.
Die Ansichten, die ich vertrete, sind meine Gedanken,
für sie brauch ich mir die Sohlen nicht abzulaufen.
Schön, wenn ihr ähnliche Treter besitzt,
dennoch ziehe ich eure Schuhe nicht an,
meine kriegt ihr nicht.

Einen Job bekomm ich seit Jahren nicht,
weil ich bei der Vorstellung zu forsch auftret,
die Arbeitsvermittlungsdienstpsychologin
meint, die Chefs würden sich unsicher fühlen,
auf Deutsch, sie könnten Angst vor mir kriegen.
Ich solle mich zurücknehmen, meine Zunge hüten,
dabei könnte ich blind ein Flugzeug führen.
Naja, dies konnte leicht in einer Katastrophe enden,
aber probieren würd ich's,
um einen Absturz zu verhindern.

Mein Selbstbewußtsein sei zu ausgeprägt,
das sei auf den Arbeitsmarkt nicht von Wert.
Warten, bis mir jemand auf die Schultern klopft,
damit ich mein Brot krieg als Lob,
dies ist nicht mein Fall, mein Antrieb.
Ich bin kein „Sternchen“ ergatternder Dieb.
Für mich bietet die Anzahl der Facebook-Likes,
um mich wohlzufühlen, keinen Anreiz.

Ich mach mein Ding, mal gut, mal schlecht,
nehm keinem sein Essen, seine Arbeit weg.
Im Gegenteil, mich erfreut Vielfalt, Inspiration
erweitert mein Bewußtsein, dies ist mein Lohn.
Dafür brauch ich niemanden nachzuäffen,
auch will ich mit niemandem mich messen,
das Leben ist zu schade für Wettbewerbe,
zieht ihr nur Vergleiche, vergeudet eure Zeit,
Schöpfungsgeist ist ein Glücksfall für diese Erde.

Das Leben auf der Straße hat mich geprägt,
einen Schlafplatz auch in Villen nicht verschmäht,
habe Sorgen und Nöte mir angehört, ob arm, ob reich,
die Qualen waren oft gleich.
Seelische Ausbeutung, Gewalt, Liebesentzug
sind die Mörder in jeder Beziehung,
die einen flüchten in materielle Güter,
andere werden Hüter
der inneren Werte, manche werden bürgerlich,
bejammern ihr Lebensschicksal
bei jedem Anlaß.
Und wißt ihr was?
Heute gab's Pralinen, die ersten seit fast zwei Jahren,
Ist dies wirklich ein Grund zu jammern?

Hört auf zu hassen

Ich will keinen Besitz,
ich will beleben.
Ich will ´nen Geistesblitz
und Menschen Ideen geben.

Ich will nichts für mich behalten,
ich will nichts verderben lassen.
Ich will nichts für ewig verwalten
und Menschen hindern am Prassen.

Ich will keine Macht ausüben,
ich will keine Kämpfe fördern.
Ich will nicht nach Honolulu fliegen,
wenn Menschen hilflos sterben.

Ich will keine Wut spüren,
ich will kein Blatt vor den Mund nehmen.
Ich will keine Angst schüren,
mit Menschen Vielfalt vermehren.

Ich will keinen Besitz,
ich will beleben.
Ich will nicht nur mit Witz
den Menschen Hoffnung geben.

Ich will nichts für mich behalten,
ich will nichts verderben lassen.
Ich will, daß wir zusammenhalten,
Menschen, hört auf zu hassen!

Ihr müsst mich nicht lieben

Ihr müßt mich nicht lieben,
das wär übertrieben.
Auch müßt ihr mich nicht mögen,
wenn euch nicht daran gelegen.

Ihr könnt gerne die Straßenseite wechseln,
mit mir braucht ihr nicht zu scherzen.
Auch könnt ihr gerne über mich reden,
wenn es euch guttut, jedem sein Leben.

Ihr dürft mich ignorieren,
den Blick in eine andere Richtung dirigieren.
Auch dürft ihr nach mir treten, schlagen,
wenn ihr meint, ich würd euch schaden.

Ihr wißt aber schon, mein kleines Leben
sorgt für euer aller Überleben.
Auch brauche ich euer Mitleid nicht,
ich wünsch mir nur etwas weniger Gift.

Wünsche mir die Vielfalt zurück,
die meine Ahnen noch genossen,
wünsche mir nur das Glück,
ohne Angst an Blüten zu kosten.

Ihr müßt mich nicht lieben,
das wäre übertrieben.
Laßt mich einfach die Biene sein,
die Honig sammelt für die Kinder daheim.

In Erinnerung an Cri

Cri,

„ich vermag keine Worte
in mir zu finden –
das auszudrücken, was
vielleicht noch zu sagen wäre.“

Ich stehe nicht an deinem Grab,
ich stehe vor dir,
Tag für Tag,
und du neben mir.

Wir sind verbunden
durch eine kurze Zeit,
ungebunden,
frei, bis in alle Ewigkeit.

Was macht es schon,
wenn du vorausgegangen,
ich krieg dich schon
wieder eingefangen.

Wir tobten wie Kinder,
sprachen wie Weise,
wir waren die Finder
der Gefühle der Greise.

Wir sehen uns wieder
wie besprochen,
ohne Worte und Lieder,
ohne am Herzen gebrochen.

Wir brauchten keine Worte,
um uns zu verstehen,
unsere Seelen waren Orte,
die konnten alles hören.

Alles Liebe zum Geburtstag,
auch wenn du nicht hier,
ich höre deinen Herzschlag
immer noch nah bei mir.

„So schreibe ich wortlos,
einen kleinen Gruß
in dieses Buch, durch das
ich gerne weiter mit
dir gereist wäre."

Irritation der Menschen Lohn

Sei nicht so stumm.
Kümmere dich drum.
Verletzlichkeit
ist kein Gottes Urteil.

Sei nicht so hörig,
wenn der Geist ist abwegig.
Dummheit
frißt keine Wirklichkeit.

Sei nicht so empfindsam.
Stehe nicht stramm.
Unterwürfigkeit
ist keine Freiheit.

Sei nicht so versprechend.
Schicksal ist nicht berechnend.
Vielfältigkeit
ist keine Verwerflichkeit.

Sei nicht so kurzsichtig.
Weite ist wichtig.
Unendlichkeit
ist kein Grund zur Ängstlichkeit.

Ich sitze im Zug.
Die Landschaft fährt vorbei.
Irritation
ist der Menschen Lohn.

Jeder für sich

Lampions hängen,
Menschen drängen,
sie wollen feiern,
sich aneinanderreihen.

Tagsüber Abstand,
nachts einen Vorwand,
die vermisste Liebe
weckt mannigfache Triebe.

Es wird gesäuselt,
Alkohol träufelt
nicht nur ins Glas,
was für ein Spaß.

Wenn der Morgen graut,
geschlüpft in die alte Haut,
kennt die Nächsten nicht wieder,
im Dunkeln singen sie Lieder.

Das Schicksal
des Einzelnen egal,
Lampions erstrahlen,
um Unschuld zu bewahren.

Das schummrige Licht
das Herz nicht trifft.
Man hat sich gesehen,
es ist Zeit, weiterzugehen.

Sie bleiben sich fremd,
damit ungehemmt
keiner verantwortlich
für den anderen ist.

Keine Freunde mehr

Wenn man keine Freunde mehr hat,
kann man spucken in jeden Napf,
man kann sich auch die Haare ausraufen
und alleine in den Straßen laufen.

Keiner kann dir was übelnehmen,
denn wer soll sich schon für dich schämen,
es ist keiner mehr neben dir da,
du bist einfach nicht wahrnehmbar.

Wenn man keine Freunde mehr hat,
bestimmt das Leben einen anderen Trab.
Du kannst hinken, stinken, saufen,
bis du nicht mehr kannst laufen.

In fremden Betten aufwachen,
sich über andere lustig machen,
deren Leben belächeln,
im Rinnstein nächtigen.

Du brauchst keine Etikette mehr wahren,
‚Goldmund' und ‚Siddhartha' waren
dein und der anderen ihre Vorbilder,
wir trugen ihre Namen wie Schilder

vor uns hin, manche taten sich schwer,
wer von den beiden am erstrebenswertesten wär.
Dem ‚Steppenwolf' wir die Füße küssten,
oh, Hermann Hesse, wenn Sie wüßten!

Die meisten vergaben ihr Wissen
für ein sanftes Ruhekissen,
für vermeintliches Glück,
den Hals gewendet, für viele gibt es kein Zurück.

Wenn man keine Freunde mehr hat,
merkt man, wie überaus satt
das eigene Leben sein kann
und freundet sich wieder an

mit seinem kleinen Ich, das spielt,
gedankenverloren vertieft
mit seiner Seele im Einklang,
und horcht nur ihrem Singsang.

Wenn dieser alte Freund gefunden ist,
kann das Leben niemals durch einen Riß,
durch Meidung, Vergessenheit, Lügen,
durch Ignoranz, durch Leid, durch Betrügen,

verkommen in heuchlerischer Liebenswürdigkeit,
gewürzt mit pflichterfüllter Nettigkeit
und klingenden Münzen im Portemonnaie,
Freunde, so viel wie Sand am Meer.

Wenn man keine Freunde mehr hat,
alle ‚Meister' gehört, was sie gesagt,
kann man friedlich im Rinnstein schnarchen,
denn dein Du ist da, dein Ich zu bewachen.

Keine letzte Antwort

Bild gemalt.
Farben versorgt.
Text geschrieben.
Stifte still liegen.

Geist genießt Enge und Weite.
Im Park, im Wald spazieren.
Regen wie aus Eimern.
Schatz am Ende des Regenbogens.

Briefe geschrieben, seitenlang.
In der Bahn, im Bus, im Stehen.
Der Mann am Schalter wartet.
Die Briefe sich im Zimmer stapeln.

Abschied dauert nicht lang.
Keine Menschenschlange sich bildet.
Den Pinsel, den Stift gab er aus der Hand.
Fülle des Lebens ist in ihm geblieben.

Sie munkeln, eigenartiger Kauz,
das Schreiben, das Malen
hat ihn von Menschen weggetrieben.
Das Haus war leer, die Zimmer weiß.

Was blieb, leere Blätter, ungeschrieben.
Nur über dem Herd ein Bild mit Text.
Was nützen Bücher, bemalte Wände,
Leben ist Anfang ohne Ende.

Alles ist Phantasie, imaginär,
nur der Mensch gestaltet schwer,
strebt nach endlichem Wissen, der Idiot,
gäbe es die letzte Antwort, wäre alles tot.

Kein Frühstück in der WG

Die Sache ist doch die,
so genau weiß ich nie,
wer morgens am Tisch
neben mir sitzt.

Es ist ein Kommen,
Gehen, Kommen.
Heute sehe ich Linda,
morgen ist Till da.

In so einer bunten WG
tut der Abschied nicht weh.
So `ne Wohngemeinschaft
gibt in vielen Dingen Kraft.

Wir können reden Stunden,
Themen schnell gefunden,
jeder kann Weisheit erlangen,
Unwissende aufgefangen.

Man ist keinem was schuldig,
außer ich werd ungeduldig,
weil wieder mal das Essen
kaufen von allen vergessen.

Manchmal wird nachts gekocht,
gebraten, Besuch gab es noch,
jeder hat sich´s schmecken lassen,
wer zuletzt kommt, der…

Kommt man morgens als Erste,
sitzen sie noch erheitert vom Feste
am Frühstückstisch,
und für mich gibt's nichts.

Da lernt man seine Kräfte kennen,
auf dem Weg zum Dorfe rennen,
ein Kilometer hin und zurück,
das stärkt Muskeln zum Glück.

Die Sache ist doch die,
so genau weiß man nie,
warum das Schlechte
manchmal das Beste.

In der Wohngemeinschaft, nur hier
in der Essensvernichtungsmaschinerie
wird nicht nur das Denken wach,
auch der Körper nicht schwach.

Kein gleichmachendes Wir

Es ist gewiß kein Scherz,
wenn man bemerkt,
daß einst am Grabe
keiner steht, der Trauer trage.
Keine Zeitungsanzeige:
„Von Beileidsbezeugung
bitte Abstand nehmen“.
Denn keiner wird da sein,
vielleicht nicht mal ein Priester,
weil schon lange
ohne Konfession,
denn oben auf dem Thron,
da ist er sich sicher,
sitzt kein Gott und ist darüber bitter
enttäuscht.
Enttäuscht sind all jene,
die trotz Häme
und Sticheleien ihn
nicht überzeugen konnten,
den Schmeicheleien zu folgen,
damit er
glücklich unter ihnen
leben könnte.
Im Traum sah er die Giraffe,
schwarz mit organgenen Flecken
wie ein Negativbild,
er erkannte früh am Morgen,
das Negativbild war er,
und die Giraffen sterben aus.
Das vermeintlich Negative nicht,
es bleibt übrig von ihm.
Mag sein als Mahnmal
für die Familie,
für die Welt.

„Gehorche nicht deinen Gefühlen,
stehe nicht zu dir, rufe wie wir: wir."
Doch er weiß schon immer,
die Welt wird dadurch schlimmer.
So hütet er lieber
seinen Geist vorm
gleichmachenden Wir.
Und deshalb steht
irgendwann keiner
mehr an seinem Grab,
nicht mal für den Tod
er sein Ich
aufgibt.

Kettenhund spielt kein Klavier

Hat der Kettenhund
happi-happi bekommen,
damit er fürs Herrchen
das Territorium absteckt?
Bellen, bis die Lefze hängt.
Speichel auf die Erde tropft.
Der Hund das Geschlabber
als Vorspeise genießt.

Herrchens ganzer Stolz,
sonst ein kleiner Wicht.
Der Kettenhund
sein zartes Stimmchen
übertüncht.
Auslauf auf abgestecktem
Territorium,
Freßchen, Hundehütte
simulieren weite Welt.

Nein, das ist ein Lieber!
Verteidigt bloß sein Revier,
schließlich kennt er
nur das hier.
Das Bellen ist bloß Freude,
weil ich ihm schenk
Freßchen, Knochen
zum Nagen, damit
er was zum Beißen hat.

Der Kettenhund, der Wicht,
wohnt nicht weit von dir.
Er verteidigt sein Revier.
Verdient sich sein Fressen
durch ständiges Kläffen.
Ihm geht's gut, er würd
werden dick und fett,
wenn er nichts zum Bellen hätt'.

Doch dafür sorgt sein Besitzer,
der sonnt sich im Blitzlichtgewitter,
wenn der Kettenhund vernichtet
Liebe, er ist gut versichert.
Und ob ihr's glaubt oder nicht,
dem Kettenhund, dem Wicht,
dienen diese Machenschaften,
um euch alle mundtot zu machen.

Klare Luft nach einem Sturm

„Che bella cosa una giornata di sole,
n’aria serena doppo na tempesta!“

Wie schön ist ein sonniger Tag,
die klare Luft nach einem Sturm!
Was bin ich für ein Glückspilz!
Lebensversicherungen abgeschlossen.

Vier auf einen Streich!
Ich könnt die Welt umarmen.
Geht das nicht ein bißchen lauter!
Lautstärke bis Anschlag!

„Il sole mio, sta in fronte a te!“
Oh, meine Sonne, strahlt von dir!
„Liebling, heut Abend gehen wir aus.
Keine Pizza, ein Festtagsschmaus!

Okay, ich dreh leiser!“
Paß doch auf, du Blödmann!
„Il sole, il sole mio, sta in fronte a te,
sta in fronte a te!“

Die Sonne, meine Sonne, strahlt von Dir,
strahlt von Dir!
“Timo! Timo! Sag doch was! Timo!”
Die Sonne, meine Sonne, strahlt von dir.

Als Rettungskräfte eintrafen,
hörten sie von weitem, „il sole mio.“

Kleine Hunde bellen laut

Zuckerkorn und Wolkenball.
Sie sind wieder da.
Herrschaftsgebaren,
um Werte zu narren.
Scheinbar überall.
Der Eindruck täuscht.

Verdreht werden
Worte und Werte.
So wie man sie gerne hätte.
Laut muß es sein.

Blöd und einfältig.
Sonst man selber
nicht versteht,
um was es sich dreht.

Der Lärm ist wichtig,
kleine Hunde
bellen laut,
sonst keiner auf
die Schnauze schaut.

Ballwolken und Kornzucker.
Zuckerwolken und Ballkorn.
Ballzucker und Kornwolken.
Wolkenzucker und Kornball.
Wer euch verstehen will,
braucht einen Knall.

Sie wollen wieder da sein.
Scheinbar wahr.
Gehorsamspflichten,
um Toleranz zu vernichten.
Die Täuschung beeindruckt
nicht.
Es sind Gartenzwerge
mit Geräuschmechanik.

Kristall der Seele kein Ruhekissen

Schmerz,
der Zugang zu meinem Herz
ist dir nie verwehrt,
das wäre auch gänzlich verkehrt.

Ich fühle dein Wehen und Klagen
überall die Schicksalsfragen,
die in Wahrheit nie gerecht,
wer bricht den Stab über wen zu Recht?

Wer erlaubt sich zu entscheiden,
wo Glück wohnt und wo Leiden?
Wenn du bei mir bist,
nicht nur das Herz du mir brichst!

Du bringst mich zum Weinen,
kein Licht will mehr scheinen,
Trauer, Wut, Enttäuschung,
keine Aussicht auf Hoffnung.

Du erschütterst meine Seele,
tausende Splitter fallen auf jede Stelle
des Körpers, machen mich regungslos,
blind, taub und fassungslos.

Überall scheinst du zu wirken,
willst mich wohl auch noch zertreten?
Keine Luft zum Atmen mehr,
woher nimmst du diese Kraft nur her?

Ich begrüße dich stets als Freund,
damit du mir zeigst, wo etwas falsch läuft.
Damit ich kann reagieren, mich beeilen,
bei anderen und mir Wunden zu heilen.

So bitte ich dich, laß von mir ab,
steh auf, gib mir einen Stab
zum Aufstehen, die Schmerzenssplitter
haben längst zerschnitten des Herzens Gitter.

Ich spüre, fühle, bin Schmerz wie du,
laß uns umarmen, Liebe tut gut.
Das Leid gemeinsam ertragen,
schafft Geborgenheit wie in Kindertagen.

Sei still, weine laut, schreie in mein Gewissen,
der Kristall der Seele ist kein Ruhekissen,
solange Unheil die Welt heimsucht,
Dank für dein Erinnern und deinen Besuch.

Kunst entlarvt Häme

Der Raubbau am Umgangston
verrät die Spuren zur Isolation,
wenn Sprache oft höhnisch spricht,
das Gegenüber begreift sie nicht.

Der Spott, die Häme, der Hohn
verlieren auf Dauer ihren Ton,
werden aufgenommen als real,
ergeben sich dem Schicksal.

Die Wirkung wird verfehlt,
das Wort im Munde verdreht,
die Lüge verkommt zur Wahrheit,
Wahrheit wird zur Unsicherheit.

Freunde sehen sich als Fremde an,
Schadenfreude, Liebe nimmt in Bann.
Das Gespött, die ständige Ironie
treibt an die schädliche Maschinerie,

Zwietracht, Zweifel übernehmen
das gesellschaftliche Benehmen,
Haß, Wut, Angst, Drohung und Zorn
ist die zwischenmenschliche Reaktion.

Boshaftigkeit ist dies Hohngeschrei,
Mißbrauch der Sprache ist nicht einerlei,
Gemeinheiten bergen Täterschaften
und führen nicht zu Gemeinschaften.

Der Narr, der Künstler, der Dichter nur
bedienen sich dieser Sprachkultur
als Mahner, als Kritiker, als Sarkast,
sie dürfen sägen am zynischen Ast.

Politiker, Verantwortliche, Mächtige
erzwingen durch Häme nur schmächtige
gebrechliche, unsichere Heerscharen,
die nichts mehr zu sagen wagen.

Drum hört, wenn Zynismus ist im Spiel,
nur bei Künstlern zu, sie haben das Gefühl
für Sprache, Tanz, Theater, Film, Malerei,
und bedenkt, erkennt, fühlt, und hört dabei:

Der Wichtigtuer oftmals nur am Honig leckt,
die wahren Künstler halten sich bedeckt.
Sie brauchen keine Zuckerleckerei,
denn ihre Gedanken und Zungen sind frei.

Leid durchzogenes Lebensschicksal

Der Himmel war noch nicht abgedunkelt,
da saß er wieder hier und hat gemunkelt,
sich absichtlich laut tönend beschwert,
das Leben sei keinen Pfifferling mehr wert.

Überall geistern fremde Schreckgestalten
in den Straßen und fordern das Verwalten
der Kultur, der Tradition zu überdenken,
dafür würden sie uns Vielfalt schenken.

Derweil treiben sie böses Schindluder nur,
vertreiben uns aus der angestammten Kultur,
sie wollen die Menschen, das Volk verpflichten
unser aller Erbgut, die Nation vernichten.

Nicht mit mir, das sag ich euch, ich steh treu,
loyal zum alten Brauchtum, und ich freu´
mich tierisch, wenn ´ne richtige Bombe kracht,
und ihr euch wieder von unseren Äckern macht.

Sein Vater verlor sein Leben in einer Bombennacht,
die Nacht hat die Wolken längst unsichtbar gemacht.
Das Leid der Mutter war schmerzdurchdrungen groß,
die Kinder spürten von klein auf viel Haß, Wut, bloß.

Sie hatte für die Kinder keine Liebe mehr übrig,
der Vater, der Held, er opferte sich vergeblich.
Und nun bekommen die ganzen Flüchtlinge hier,
Liebe, Aufmerksamkeit, und was war mit mir?

Um mich hat sich nie jemand gekümmert, gesorgt,
je mehr ihr verhätschelt, desto weniger gehen sie fort.
Deren Väter Blut liegt nicht in unserem Boden
vergraben,
warum sollen sie glücklich sein und ich dafür darben?

Er zahlte wie immer mit genau abgezählten Münzen,
wankte nach draußen, in der Hoffnung sie büßen
alle für sein mit Leid durchzogenes Lebensschicksal.
Der Mond zeigt einige Wolken im fahlen Lichtstrahl.

Liebe strömt bis zum Genick

Der Florian,
der hat's mir angetan,
mit seinem hellblauen Blick,
strömt Liebe bis zum Genick.

Er grüßt stets unbändig freundlich
jeden Tag, jede Woche getreulich,
mit der gleichbleibenden Intensität,
dies Treffen wär von großem Wert.

Diese unverfängliche ehrliche Art
schenkt er dem Herrn mit Bart,
genauso wie den Kindern,
da läßt er sich nicht hindern.

Verletzende Stiche im Herzen
kann man nur verschmerzen,
weil genau diese Eigenschaft
ihn so liebenswert macht.

Sein Freiheitsdrang ist groß,
die Unabhängigkeit nicht bloß
Worthülsen, sondern Charakter,
er ist überdies ein Charmanter.

Florian und sein Besitzer, Herrchen
sind fast ein eingespieltes Pärchen,
obwohl man nicht sicher sein kann,
wer die Leine führt beim Spaziergang.

Der Husky hat seinen eigenen Willen,
da hilft kein Befehlen und Brüllen,
nur durch gegenseitigen Respekt
sein Interesse an dir ist geweckt!

Liebe zum Nächsten

Zu Bethlehem geboren,
als Kind schon auserkoren,
den Menschen zu bringen Friede,
Gerechtigkeit und Nächstenliebe.

Welchem Streß die Eltern da ausgesetzt,
Eltern wissen, dies ist kein Geschwätz.
Nicht mit jedem raufen, keine Häme,
kein Spott gegen Unterlegene.

Lerne fleißig, hör gut zu, sei artig,
gib keine Widerworte, sei empathisch.
Bring den Müll runter, räum das Zimmer auf,
oh, jetzt habe ich da wohl was vertauscht.

Liebe Maria, lieber Josef, ihr habt
einen guten Job gemacht.
Euer Kind wurde begrüßt
mit Gold, Weihrauch und Myrrhe.

Gold als Zeichen der Huldigung,
Weihrauch zur Sinnerfahrung,
Myrrhe, das heilsame Harz,
waren die Geschenke für euren Schatz.

Nicht jedes Kind ist auserwählt,
dennoch, so hoffe ich, schmält
es nicht die Liebe, die sie empfangen,
wenn sie ihr Leben anfangen.

Kinder, da braucht sich keiner zu schämen,
sind es, die das Weltgeschehen prägen.
Beschenken wir sie mit Geborgenheit,
Liebe ihre Sehnsüchte befreit.

Auch wenn wir nicht in Bethlehem geboren,
so sind wir alle, ausnahmslos, erkoren,
gemeinsam für Nächstenliebe einzustehen,
ansonsten wäre jede Zeugung ein Fest für Dämonen.

Liebling, lass das Licht an

Blumig schmeckte der Tee,
leicht bitter,
sie trug noch das Negligé,
farbig wie Sommergewitter.

Sie liebte die Prüderie
in den Gesichtern,
wenn die Nachbarn sie
ansahen, schief, lüstern.

In der kalten Jahreszeit
trägt sie Babydolls, rosé
zartlila, extraweit,
setzt sich in Pose

im Wintergarten.
Und dies nicht nur
vormittags, du darfst raten,
da ist sie stur,

zu allen Tageszeiten.
Sie sah ihre große Liebe
an die Musikbox schreiten,
bereute nie, die Begierde

ihn zu streicheln, zu küssen.
Bis zu seinem Lebensende
war sie Muse, sein Ruhekissen,
sie beseelt durch seine Hände

Arbeit, in Plastiken, auf Bildern
nackt, ruhend, wild, zart,
mittels Kunst begann er zu schildern,
wie befreiend für ihn, ihre Art.

Sie haben sich heraus gekämpft
von falscher Moral und Wut,
unterschwellig gedämpft
durch Angst und Furcht.

„Noch ein Gläschen Tee!
Gewalt in den Familien,
wissen Sie, es tut weh,
wenn Freiheit wird gemieden.

Liebling, laß das Licht an,
die abwertende Scham malt
falsche Schatten an die Wand.
Das Gedichtband für jung und alt.
Das wollten Sie doch hören?
Die Alte hat nicht aufgegeben
die Freiheit, Liebe zu beschwören,
schreiben Sie, bis zum Ende vom Leben."

Liebreiz in deinen Augen

Der Liebreiz in deinen Augen
läßt mich erschaudern,
mein Blut gefriert,
der Puls vibriert.

Mein Leben
würd ich geben,
deine Nähe zu spüren,
dich zu berühren.

Du bist so unnahbar,
es ist unfaßbar.
Ich bin dir schnuppe,
geliebte Schaufensterpuppe.

Märchenhexe längst urlaubsreif

Der Frühling hat mich kalt erwischt,
kaum wach
scheint die Sonne ins Gesicht.
Der Körper streckt sich dem Licht entgegen
und zack,
Hexenschuß, ich kann mich nicht mehr bewegen.

Lauf gebückt wie eine alte Märchenhexe
durchs Haus,
schon plagt mich auch im Genick Schmerze.
Dabei fühlte ich mich pudelwohl im Bette,
mit Wollmütze,
Bettflasche und einer warmen Zusatzdecke.

Jetzt lieg ich nieder, Schmerzen wie ein Vieh,
die Schlafdecke
bedeckt die Füß, die Waden, das Knie,
es ist mir zu heiß in meinem Rücken,
wegen der Heizdecke
läuft der Schweiß, ich bin am Schwitzen.

Ach, wie sehn ich den Winter zurück,
mulmig eingepackt
ging's ans Tagwerk, Stück für Stück.
Beim Kerzenschein und Kräutertee
genoß ich,
märchengleich, mein Leben mit der Silberfee.

Die wuselt nun durchs Haus flink und frei,
vernichtet überall
den alten Staub, schaut auch mal bei mir vorbei,
mit hübschen bunten Blümchenblusen
bekleidet sie ist,
ich bin bewegungsunfähig, um mit ihr zu schmusen.

Sie lacht, kitzelt meinen Bauch, mein Doppelkinn.
Liebster,
Geduld, Geduld, das kriegen wir schon wieder hin.
Derweil hab ich unseren Urlaub schon ausgesucht
über Kanada nach Grönland,
in den Betten warm, kalt in den Fjorden, in mancher Bucht.

Maulkorb

Erster Termin heute,
Maulkorb verpaßt bekommen,
Modell: Schnauze halten,
Konsequenzen erfolgen,
keine Fragen, keine Antworten,
Maulkorb anziehen,
Schnauze halten,
was du nicht weißt,
macht dich nicht heiß,
Maulkorb festzurren,
Schnauze halten,
es gibt keine Lügen
und keine Wahrheiten,
einfach,
Maulkorb,
Schnauze halten,
nicht selber denken,
alles wird gut,
Maulkorb anlassen,
Schnauze halten,
Freiheit predigen und
Gefängnisse bauen.

Mensch bleibt ich

Hat es geklingelt?
Schneit es schon wieder?
Warum singen wir keine Lieder?
Der Mensch bleibt ich, gell?

Keiner wird bei ihr klingeln.
Kein Schnee fällt mehr.
Lieder sind inhaltsleer.
Sie kann sich nicht erinnern.

Sie fühlt sich wohl.
Sie schreit nach Essen.
Gesichter vergessen.
Sie fürchtet sich vor Kohl.

Käfer krabbeln im Zimmer.
Feuer, Feuerwehr.
Ihr Platz daneben leer.
Unterm Bett ein Gewimmer.

Der Körper war ihr Überleben.
Befriedigt die Lenden.
Bloß kein Leben spenden.
Wärme selten gegeben.

Schlaf Annabell!
Wir vergessen dich nicht.
Das letzte Licht erlischt.
Der Mensch bleibt ich, gell!

Mensch draufmalen

Soll ich nicht doch lieber,
Masken merken sich keine Gesichter,
vielleicht wäre es besser,
die Augenöffnungen zu vergrößern,
wahrscheinlich könnte man
den Mund einsparen,
Lippen draufmalen.

Soll ich nicht doch lieber,
schließlich wäre das doch modisch,
vielleicht kauf ich ein Mieder,
fest schnüren bringt aufrechten Gang,
wahrscheinlich könnte man
das Essen einsparen,
breite Querstreifen draufmalen.

Soll ich nicht doch lieber,
möglicherweise gäb's Vorteile,
vielleicht einen Hut aufsetzen,
die Krempe bis auf die Stirn,
wahrscheinlich könnte man
das Sehen einsparen,
schöne Augen draufmalen.

Soll ich nicht doch lieber,
ich klatsch einfach Make-up drauf,
vielleicht wäre es besser,
mehr Parfüm zu verschwenden,
wahrscheinlich könnte man
Nähe einsparen,
Pockennarben draufmalen.

Soll ich nicht doch lieber,
vielleicht wäre es besser,
wahrscheinlich könnte man
dies einsparen,
Mensch draufmalen.

Mir fehlen

Mir fehlen,
weil ich doch weiß,
da sitzt einer tagtäglich
ohne Schweiß Stunden auf dem Klo,
bezahlt, um zu brüllen,
Moral, Sitte kann nur
Patriotismus bringen.

Mir fehlen,
weil ich doch weiß,
da sitzt einer tagtäglich,
ohne Schweiß in Cafés
bezahlt, um zu überzeugen,
nur Liebe zum Eigenen
sei Sitte, Anstand, Wert.

Mir fehlen,
weil ich doch weiß,
da sitzt einer tagtäglich,
ohne Schweiß am PC,
bezahlt, um zu hetzen
gegen Minderheiten,
Kadavergehorsam währt.

Mir fehlen,
weil ich doch weiß,
da sitzt einer tagtäglich,
ohne Schweiß in der Sonne
bezahlt, um zu jammern,
wie schlecht es ihm geht,
weil Heimat ihn nicht versteht.

Mir fehlen,
weil ich doch weiß,
da sitzt einer tagtäglich,
ohne Schweiß, um zu erschrecken,
bezahlt, um sein Ego zu stützen,
mehrere Identitäten kosten,
den Betrug zu verstecken.

Mir fehlen,
weil ich doch weiß,
diese Gelder, Spenden
fehlen wirklich Leidenden.
Der, der vorne sitzt,
brüllt, überzeugt, hetzt,
jammert, erschreckt,
davon gibt es nicht nur einen,
sie sind meistens nur
der Hampelmann,
die Spender solcher
Hetzkampagnen
brauchen Ängste, Sorgen,
um ihre Gesinnung
zu bewerben.

Mir fehlen,
weil ich doch weiß,
ein Wort, Worte,
Wörter.
Niemand brüllt,
überzeugt, hetzt,
jammert, erschreckt,
der Hilfe nötig hätt.
Sie vertrauen auf uns,
dies Vertrauen ist
eine Ehre, ist
die Weisheit

der Weltensphäre.

Mir fehlen
Menschen,
die vertrauen,
Hilfe spenden.
Die fehlen mir.

Mitternachtssonne

Fußgewusel,
U-Bahn eben.

Bücher erzählen
keine Geschichten,
Smartphones dichten.

Muskel verspannt,
Kopf auf der Schulter,
Schmerzen im Genick.

Sieh mich nicht an,
wende den Blick ab,
du alter Sack,
du blöde Tunte.

Will dich nicht sehen,
will dich nicht verstehen,
will meine Ruhe haben,

mich stört euer Gelaber,
mich stört eure Anwesenheit,
verkriecht euch.

Unter der Mitternachtssonne
liebten sie sich mit Wonne,
kein Windhauch war zu spüren,
als ihre Körper aneinanderrieben.

Ihr Stöhnen war die Matrix
aus ihrem Chromosomenmix.
Fahrkartenkontrolle.
Hosentasche neben dem Bett.

Mysterium der Gedanken

Silbrig schimmert
die Sichel des Mondes
am Firmament,
will er jeden Moment
die wie Dampf
wirkenden Wolken
zerschneiden?

Schal scheint
das Bier des Mannes
am Nachbartisch,
er hält es
gefühlte Stunden
zwischen den
Händen fest.

Schlag zwölf
mit dem Läuten
der Kirchturmuhr
heulen die Sirenen
Helfer herbei,
die Zeit kein
Erbarmen zeigt.

Selbst
die Erinnerung
flieht
vor dem Mysterium
der Gedanken,
die sammeln,
anstatt zu handeln.

Nachmittagsbesuche

Pünktlich jeden Spätnachmittag
stand er am gußeisernen Friedhofstor.
Und die stetig ewig gleiche Frag,
bin ich noch gescheit oder ein Tor?

Das Jenseits jetzt öfters lächelte,
trostlose Gedanken summierten sich,
er hustete unter Schmerzen, hechelte,
träumte vermehrt vom absoluten Nichts.

Nach der Seele Ruhe suchte er,
so flüchtete er bisweilen vor sich selbst,
ohne Ziel, bis zu jenem Blumenmeer
vor einem Laden, seinen Blick festhält.

Er kaufte einen großen Strauß Blumen,
bunt zusammengestellt, ertastete Blatt
für Blatt, durch ihn floß ein Summen,
er fühlte sich plötzlich satt, so satt.

Da kam er sich irgendwie stark vor,
der Weg zurück am Friedhof entlang,
kein Zögern, er durchschritt das Tor,
damals, da fing das Beschenken an.

Täglich nun verweilt er, in sich gekehrt,
mal still, mal mit Worten, mit Witz,
mit Sarkasmus, nie mit einer Predigt
an den Gräbern, die er schmückt.

Viele Namen sind ihm nun geläufig,
Zwiegespräche ergaben sich,
sein Husten nicht mehr so häufig
ihn plagte. Trauer der Freude wich.

Manchmal ihn Fragen plagten,
ob seines Handelns, Tor oder nicht.
Die Gräber ihm die Antwort gaben,
liegst du einst hier, Freunde sind um dich.

Nachtschicht

Die Zeit, Minuten, Sekunden liefen seit Stunden,
er drehte unablässig gewissenhaft seine Runden.
Kalt war die Nacht und menschenleer die Fabrik,
der hochgestellte Kragen wärmte sein Genick.

Jedes Geräusch war ihm bekannt hier drin,
das Draußen sorgte eher für seinen Grimm.
Die Menschen flößten Unbehagen ihm ein,
selbst die Natur widersprach seinem Sein.

Hier in der Fabrik war alles an seinem Platz,
die großen Apparaturen waren sein Schatz.
Obwohl auch sie manchmal nachts ächzten,
ihre metallene Gestalt wußte er zu schätzen.

Das glitzernde Grau besänftigte seine Gedanken,
die kleinsten Gefühle hielt es in Schranken,
höchst konzentriert horchte er immer wieder auf,
ob sich was einschliche im Stundenablauf.

Selbst seine Straßenschuhe hatten ihn gestört,
sie hatten sich zu laut oder zu quietschend angehört.
Erst die Filzpantoletten mit Riemen zum Schnüren
harmonisierten die Schritte, öffneten ihm Türen.

Man mag es für möglich halten oder eben nicht,
er ist nicht der einzige Mensch auf Nachtschicht.
Wie er fürchten viele die eigene Gedankenfülle,
lenken sich ab mit Hilfe äußerlich materieller Hülle.

Sie lassen die Lebenszeit im Einheitsbrei verstreichen,
füllen ihre Schubladen mit Gedanken-, Gefühlsleichen,
drehen ihre Runden in geordneten, gefestigten Räumen,
haben längst vergessen, Chaos inspiriert zum Träumen.

Würde er ausprobieren, Runden zu drehen auf dem Eis,
Kragen hochgestellt wegen der Kälte, fühlte er sich Eins
mit der Schwingung der Kufen, befreit von Schranken
und ihn bedrängenden, geflüsterten Gedanken.

So fließen die Stunden, Minuten, Sekunden, Jahre
dahin,
er dreht leise seine Runden, Freiheit der Leere im Sinn,
die Fabrik produziert keine Uhren, um Zeit zu
verprassen,
Gedanken, Gefühle will das pochende Herz erfassen.

Namen unbekannt

Blüte erwacht
in der Nacht.
Erstaunt
um sich schaut.
Nichts zu erkennen,
wollte schon flennen.
Da glitzert was,
gleich wird's naß.

Kein Regen fällt
aufs Blumenfeld.
Sonne sich aufhellt,
durch Wolken pellt.
Schickt fahles Licht
in der Blüte Gesicht.
Die ist klein geworden,
hat wohl viele Sorgen.

Zum Trösten, Blüte
lächelt voll Güte.
Funkelnder Staubregen
sprüht ihr entgegen.
Die Blüte, sacht
durch diese Pracht,
fällt wieder in Schlaf,
schlummert, ganz brav.

Keiner glaubt ihr,
sie sei womöglich irr,
raunt es weit, breit
übers Feld, die Heid.
Wären die Namen bekannt,
sie richtig benannt,
Sternschnuppen, Mond,
Sterne, dann hätten sie gejohlt.

Neue Romantik heißt Diktatur

Ich habe einen Gönner-Papapa,
der zahlt, der zahlt mein Geplappapa.
Der kauft mir mehrere Internetseiten,
mit Booten erziel ich Reichweiten.
Mensch bin ich ne geile Type.
Mir kommt keiner auf die Schliche,
die ich anwend´, damit mein Haß
ihr spürt, zu meinem Spaß.

Ich habe viele Namen, bin ein Wir,
Seiten hab ich wie Tasten auf´m Klavier.
Kann mich unauffällig gut tarnen,
Fake-Spione mich frühzeitig warnen.
Mal bin ich der liebende Patriot,
mal der Einheizer für den Chaot,
der mir alles glaubt, was ich prolet,
gibt ja Tricks, wie man den Kopf verdreht.

Derweil leb ich in Saus und Braus,
streck den Bauch und Rücken aus,
laß die Spendenkasse klingeln,
gibt immer einen Grund zu winseln.
Ich gepeinigter mißverstandener Mann,
arbeite täglich zwanzig Stunden lang,
damit jeder wieder die Heimat liebe,
und ich mir die Gewinne reinschiebe.

Diesen meinen Charakter gibt es viele Mal,
wir sind verbunden durch Treue, national,
wir sind heimatverliebte, echte Kameraden,
mit Gehorsam überqueren wir jeden Graben.
Wer sich in den Weg stellt, wird denunziert,
bedroht, seine Familie mit Angst infiziert.
Wir sind die Saubermänner von Europa,
verbreiten Lügen, Haß, liegend vom Sofa.

Die neue Romantik heißt Diktatur,
Wutbürger sind für uns die Spur,
die wir benützen, um die Tradition
alter Ideologien neu festzuzurrn.
Dafür ist uns jedes Mittel recht,
Esoterik, Religion wird ausgepresst,
bis ihre Essenz entspricht dem Gesetz,
den Nationalisten die Reiche, du zuletzt.

Nicht alle Tassen im Schrank

Die Antje,
die hat ´ne Verwandte,
deren Freundin
also, die lebt in Wien,
da gibt's den Prater,
da ist ein Theater,
da wollte sie hin,
doch sie fiel aufs Kinn.

Der Wilhelm,
dieser Schelm,
der hat eine Cousine,
die ist eine Blondine,
die hat vier Kinder,
alle geboren im Winter,
die sucht ´nen Mann,
der immer kann.

Die Lieselotte,
ist ja eine Flotte,
die kann surfen,
das kann nerven,
die meistert Wellen
vor den Seychellen,
postet vom Surfbrett
Selfies ins Internet.

Der Julian,
der hat einen Wahn,
der sammelt Schneebälle
für den Fall der Fälle,
die lagern in Kühlwagen,
bis zu den Tagen,
wenn die Pole sich verschieben,
will er sie als Iglus anbieten.

Den Spaß an der Freud
hat der Dichter, heut,
der kann nämlich
manchmal ganz dämlich
den Humor nicht sein lassen,
aus dem Schrank holen die Tassen,
damit sind jetzt weniger drin,
das Sprichwort so bekommt seinen Sinn.

Nimm mich mit zum Garten Eden

Wenn dieser Krieg zu Ende ist,
mache ich mich selbständig,
heirate Nachbars Ingrid
und vergeß den scheiß Krieg.

Zieh mit ihr in eine Großstadt,
hab den nassen Graben so satt,
das Gejaule der vielen Granaten
übertönt das Stöhnen der Kameraden.

Erde riecht nicht mehr nach Erde,
riecht nach Blut der Menschenherde,
die wie ich glaubte an Freiheit,
Sieg für die ganze Menschheit.

Halt durch, Kurt, leg dich nieder,
nein, Kurt, öffne wieder deine Lider,
laß mich hier nicht alleine sterben,
du, nimm mich mit zum Garten Eden.

Denk an deine Frau und die Kinder,
laß uns tauschen, mein Leben ist geringer.
Kurt, verdammt, ich seh nichts mehr!
Es ist warm, salzig, Kurt, schwimmen wir im Meer?

Oberpfau und Schweinehund

Ich der Oberpfau und Schweinehund,
befehle euch, so tut es überall kund,
keiner darf mehr in Federbetten schlafen,
die Federn brauch ich, um drüber zu traben.

Da ihr daselbst keine Betten mehr braucht,
so wird davon mir ein großer Turm gebaut.
Eure Tische aus Holz, Bänke und Stühle
dienen ab mir sofort zum Bau einer Stiege.

Ich der Oberpfau und Schweinehund,
wohne ab jetzt hoch oben im Turmrund.
Deshalb ist es eure Pflicht, dafür zu sorgen,
zu schützen den Turm, gestern, heute, morgen.

Und damit ihr mir könnt euren Dank erweisen,
auf Knien bringt nach oben die Speisen.
Frauen dürfen nur mir dienlich sein in der Nacht,
meine Lenden sorgen für Nachkommenschaft.

Ich der Oberpfau und Schweinehund,
erlaube euch, als Zeichen meiner Gunst,
das Plündern, Schänden und Räubern
in allen umliegenden Ländern und Häusern.

Je mehr ihr erbeutet, desto reicher ich werde,
desto größer das Land, das ich bereite zu Pferde,
euer aller Vorteil sich dadurch ergibt,
ihr braucht nur einem zu dienen, das bin ich.

Regenbogenfarben schillern

Unterm Regenbogen geboren,
das Leben trotzdem verloren.
Nachdem der Kaffee geschlürft,
die Treppe runtergestürzt.

Worte wurden in Verse gepackt,
nicht Literatur, Sätze erdacht,
des eigenen Spieltriebs wegen,
nicht um berühmt zu werden.

Ist die Nabelschnur durchgeschnitten,
fährt man ins Tal auf einem Schlitten
oder klettert eine Felswand nach oben,
jedem seinen Platz zum Thronen.

Der Nachlaß wurde versoffen,
Leid hat das Herz nicht getroffen.
Reime auf Papier verblassen,
Verlogenheit in allen Gassen.

Die Toleranten werden gejagt,
damit Herrschaft bleibt bewahrt,
wo kämen wir denn dahin,
wenn Freiheit wär der Sinn.

Die Regenbogenfarben schillernd,
kurze Zeit daran erinnernd,
an Schönheit, Sein und buntes Licht,
dies nimmt man mit, ansonsten nichts.

Reise nach Paris

Zustände sind das hier,
da trägt einer ein Klavier
mitten durch die Altstadt,
der doch ´nen Schatten hat.

Kein Klavier, ein Akkordeon,
ein Unterschied ist das schon.
Es heißt auch Schifferklavier,
der Typ ist aber nicht von hier.

Ein Fremder, das heißt Vorsicht!
Schau ihm nicht direkt ins Gesicht,
der denkt, du findest ihn nett,
halt den Kopf unten, jetzt direkt!

Ist er schon vorbeigelaufen?
Hab ihn erkannt, das war Claußen!
Du hast geguckt, bist du verrückt?
Er hat mich doch nicht angeblickt!

Der sammelt mit Musik sicher Geld,
ist es so schlimm um ihn bestellt?
Na, von mir kann er nichts kriegen,
muß mein Geld sauer verdienen!

Das Schild steht leicht schief,
der Hut daneben ist nicht tief.
„Spendet für an Krebs erkrankte Marie-Louise,
ihr letzter Wunsch, eine Reise nach Paris!“

Reisen in die Ferne

Ich würde ja so gerne
reisen in die Ferne.
Wenn da nicht wäre
eine ungefähre
Ungewißheit,
die Angst macht sich breit.

So erlaube ich mir
wenigstens hier
bei mir zuhause,
in Zimmern und Laube
die Wände zu schmücken
mit Photos, die entzücken.

Es gibt so schöne Orte,
hier und dort.
Ich sitze im Flieger
unter mir Tiger
in der Weite,
im Nu an meiner Seite.

Ich stehe auf dem Gipfel,
sehe der Bäume Wipfel,
fliege über sie hinweg,
der Wingsuit paßt perfekt.
Gleite auf dem Atem der Welt
auf die Wiese neben dem Feld.

Die Welt der Korallenriffe
übersteigt alle Begriffe
von Farben und Formen,
fühl mich so geborgen,
wandle mit nackten Füßen
auf samtenen Blütenkissen.

Mit der Rakete auf den Mars,
das ist mein neuester Spaß,
ruhe still im Ohrensessel,
die Musik befreit alle Fesseln,
2001, die Odyssee im Weltraum
läßt mich erleben diesen Traum.

Dazu diese Photos,
ohne Schnörkel, mit Pathos
hinein in das Erleben,
ohne sich selbst zu bewegen.
Ohne sich zu gefährden,
die Angst hat nun andere Gefährten.

Roter Teppich

Der rote Teppich ausgerollt.
Menschen warten im Spalier
mit Hoffnung auf Gold,
Anerkennung ist ihre Gier.

Sie würden Füße waschen,
um an Reichtum zu naschen.
Reich an Ehre, Hoheitsgehabe,
berühmt sein bis zum Grabe.

Denkmäler in Erinnerung
als ewigliche Wahrnehmung
einer imposanten Persönlichkeit
sollen überdauern alles, selbst die Zeit.

Ein Mensch, ein wirklich weiser reifer,
lehnt ab den Teppich, erst recht solch Geifer,
nur wer sich mit anderen auf eine Stufe stellt,
respektiert die Vielfalt, den Charakter der Welt.

Schlaues Füchschen

Kleines Füchschen,
hüpf ein bißchen
zur Seit',
nein, nicht so weit!

Wir sollen poussieren
zum Photographieren,
aber bedräng mich nicht
so fürchterlich!

Ich sag jetzt, cheese,
damit wirke ich süß.
Mach´s Mäulchen auf,
tu, als ob du schnaufst.

Ja, du bist ein Profi,
dafür gibt's ein Leckerli,
es scheint zu schmecken,
nicht die Finger ablecken.

Du bist wirklich klug,
aber jetzt ist genug,
ab zurück in den Käfig,
sonst werd ich nicht fertig.

Kleines Füchschen,
ich hab ein Schwipschen,
wegen dir sind zig Likes
auf der Facebook-Seit'.

Ja, wo bist du dann?
Du bist durchgebrannt!
Wie undankbar von dir,
du böses, böses Tier!

Ich trau keinem Wildtier mehr,
verkleid´ den Hund als Bär!
Die Photos tu ich twittern,
da werden einige zittern

und mich noch mehr lieben,
weil ich kann's mit Tieren.
Dann bin ich bald reich,
du säufst nur aus dem Teich.

Du bist kein kluges Füchschen,
kein Fressen aus dem Büchschen,
mein Dasein ohne sichere Gitterstäbe,
ich für Freiheit niemals aufgäbe.

Schreiberlinge sinnentleert

Ach, wie sinnentleert
doch manch Schreiberlinge
setzen auf das Pferd
der vielen bösen Finsterlinge.
Die lauern in der verloren Heimat,
die man abgöttisch liebt,
das traute Heim hat sich samt Format
in Luft aufgelöst, wo ist der Dieb?

Da man ohne eine Heimatliebe
nur ein halber Mensch sein kann,
wird gekramt, gedroht mit Hiebe,
durchs Gesuche ein Chaos hervorkam,
nichts an seinem Platz mehr stände.
Da konnte nur ein Fremder schuldig sein,
alles auf den Kopf gestellt, sogar die Wände,
die Gedanken flüstern nur noch mein, mein.

Man schreit es in die Welt hinaus,
mit Haß, Wut und proletenhafter Sprache,
Räuber, Verbrecher beuten uns aus,
mein Unglück ist eure Sache.
Jeder Einwand wird abgeschmettert,
sogar Hilfe zur Lösung ignoriert,
lieber wird das Heim zugebrettert,
jetzt läuft alles wie geschmiert.

Verunsicherung macht sich breit,
Ausbeutung, Lügen, Heuchelei
werden allerorten angezeigt,
sachliche Diskussion ist Liebelei
nur noch von Idioten, der Ausverkauf
der Freiheit hat begonnen,
schreien die Heimatlosen zu Hauf,
Nächstenliebe, Toleranz ist verronnen.

Die Finsterlinge in Wirklichkeit
die Täter sind, Liebe bedarf keiner Drohung,
gaben der Liebe zum Atmen keine Zeit,
sie floh aus der engen Umklammerung.
Und ist erstmal die Liebe vergrault,
aus dem Herzen, dem Haus, der Heimat
nützt kein Satteln auf dem nächsten Gaul,
denn Liebe braucht eine tolerante Heimstatt.

Schreiberlinge, da nützt kein Schreien, kein Zetern,
auch nicht auf zigtausend Papiermetern.

Seine lebensgroße Geliebte

Zu dir ist mir kein Weg zu weit,
doch allmählich wird es Zeit,
dir in aller Freundschaft zu gestehen,
so kann es nicht mehr weitergehen.

Diese vielen, fast endlosen Stiegen,
um in trauter Zweisamkeit zu liegen,
in deinem Bette, in deinen Armen,
oh, Lisbeth, hab endlich Erbarmen,

laß dich auf meinen Händen tragen,
in die unteren schönen Hausetagen.
Er meinte ein Nicken zu vernehmen,
trug seine lebensgroße Geliebte...

„Sebastian, sag mal, was tust du da?“
„Lesen, das ist eine besondere Gunst!“
„Liebesgedichte von A. S. Caspara.
Sammelband, Liebe in der Kunst.

Aber dafür bist du noch viel zu jung!
Wer hat dir dies zum Lesen gegeben?“
„Mama, ich bin doch kein Jungspund,
durch Worte kann man Reife erleben,

des Dichters Geist vermag den Leser
zu führen in millionenfache Sphären!“
„Nun reicht es aber, du Besserwisser,
mit zehn hast du mich nicht zu belehren!“

Sichere Weisheit

Ich bin sicher,
sicherlich versteht das keiner,
daß man mit Sicherheit
sichergehen kann,

weil ich weiß,
wissentlich versteht das keiner,
daß man mit Wissen
weiser werden kann.

Und schon blecken
sie die Zähne,
ob der Ansichtsweise,
ich, sicher, weiß.

Nicht mal zugehört haben sie,
das ist die neue alte Manie.
Besser ist eventuell, vielleicht,
dumm, nicht gescheit.

Ich sicher weiß,
Plattitüde, Platitude,
Geschwätz, Gewäsch
die sichere Weisheit ist.

Sieben Uhr Frühstück

Sieben Uhr Frühstück,
das wandelbare Glück.
Kaffee geschlürft,
vornüber gestürzt.

Jede Hilfe zu spät,
kein Herz mehr schlägt.
Zeit steht still,
weil der Tod es will.

Sieben Uhr Frühstück,
das wandelbare Glück.
Sonnenstrahlen
vom ewigen Leben prahlen.

Regenschauer
fühlen keine Trauer.
Jahreszeiten vergehen,
vermissen kein Leben.

Sieben Uhr Frühstück,
das wandelbare Glück.
Das große Los gezogen,
zuviel für den Obdachlosen.

Sie verstecken sich im Wald,
der große Krieg tobt weltweit.
Zerfetzte Körper in den Städten,
Flüchtende zuhauf verrecken.

Sieben Uhr Frühstück,
das wandelbare Glück.
„Hier liegt einer verrottet,
der Tod hat ihn vorm Krieg errettet."

Die Erde ist ausgetrocknet,
der Leichnam mit Steinen abgeschottet,
als Dank für die Geldscheine,
Hoffnung ersetzt kurz das Geweine.

So an die paar hundert Meter noch

Kirchenglocken,
den letzten Ton vernommen,
zuhause nicht mehr weit,
war da schon nicht mehr
eine Ewigkeit.

Den Weg geh ich im Schlaf,
unerschrocken,
selbst bei Nacht,
das hat mir nie was
ausgemacht.

Vielleicht lebt einer
meiner Freunde noch,
wir haben manchmal
gesoffen wie
ein Loch.

Auf jeder Kirmes
weit und breit
waren wir die Kerle
mit dem größten
Schneid.

Dann hab ich
irgendwann dem Dorf
den Rücken gekehrt,
die Welt rief, ich
fühlte mich eingesperrt.

Als Heimat ist mir
der Ort der
Kindheit geblieben,
Eltern schon längst
verschieden.

Der Kirchturm ist
schon zu sehen,
so an die paar
hundert Meter noch,
mein Herz halte durch.

Spinnefeind

Fadenscheinig spuckte sie
wie aus feinster Seide,
Linien aus Klebstoff
kreuz- und querweise.

Sanft schaukelte die
Netzstruktur
in der Morgensonne
wie maschinell gefertigte Natur.

Es war noch keine
Mittagszeit,
da heulten die Sirenen,
zu retten Menschenleben.

Ein dunkler Punkt
schwebt in der Luft,
sorglos scheint das Leben,
ein Irrtum, und es ist Schluß.

Steh auf du Tor

Steh auf du Tor,
dahinter ist ein Leben wie davor.
Auch dort wächst Leben,
gedeiht ein Ich, dessen Streben
nach Liebe, Geborgenheit ruft,
bis es wird ausgebuht,
niedergetreten, zerstampft,
bis hin zum Todeskampf.

Steh auf du Tor,
dahinter ist Leben wie davor.
Der Wind wird zum Sturm,
bläst alles nieder, was um ihn herum.
Regen überschwemmt Äcker, Felder,
da nützen keine Hinweisschilder,
Betreten strengstens verboten,
Wasser kann nicht lesen, ihr Idioten.

Steh auf du Tor,
dahinter ist Leben wie davor.
Und wenn die Natur es will,
Sand nur noch die Luft auffüllt.
Kein Samenkorn kann gedeihen,
da hilft kein Flennen, kein Weinen.
Ob drüben oder hüben,
überall lebt das Leben in Schüben.

Steh auf du Tor,
dahinter ist Leben wie davor.
Die Chinesische Mauer, der Limes,
Denkmäler allenthalben, so vergiß es,
dich zu schützen vor Feinden,
lern sie kennen, sie teilen
das gleiche Schicksal,
kennen Freude und Qual.

Steh auf du Tor,
dahinter ist Leben wie davor.
Mensch, Tor, gefangen im eigenen Käfig,
fühlst du dich nicht schäbig?
Leben heißt, nicht hinter Mauern,
dem Geist zu vermitteln, sich zu schauern
vor neuen Erkenntnissen, Wissen,
mit Angst und schlechtem Gewissen.

Steh auf du Tor,
dahinter ist Leben wie davor.
Die Wassertropfen, die Sandkörner
sind im Gegensatz zu dir moderner.
Durch ihre Tropfen-, Ballform,
besitzen sie Wendigkeit, sind enorm
flexibel, können sich im Fallen wenden,
lernen, so die Welt von allen Seiten kennen.

Stimmung der Angst

Habt ihr die Stimmung
der Angst vergessen?
Als in den Wohnzimmern
bei Tisch die Furcht
hat mitgegessen?

Als Nachbarn sich
bespitzelten
und süffisant
lächelten,
wenn am Pranger
die an Händen
Gefesselten
bespuckt, getreten
ihre Blusen
zerrissen,
Haare herniederfegten?

Habt ihr die Stimmung
der Angst vergessen?
Als Seelen
gefesselt
das Entfesseln
der Häme, des Hohns
miterlebten?
Als Freiheit nur
für Entseelte galt,
die sich alles
nahmen mit Gewalt,
die herrschten, raubten,
mordeten,
damit sie waren
die Geschonten?

Habt ihr die Stimmung
der Angst vergessen?
Als selbst kleinste Seelen
Brutalität
miterlebten?
Als zerfetzte Körper,
verbrannte Leiber,
verhungerte Menschen,
Eindrücke des Lebens,
selbst die Kleinsten
„beschenkten“?
Als Erniedrigung
und Schläge
ein Zeichen
heroischer Stärke?

Ihr habt es nicht
vergessen!
Ihr habt die Angst, Furcht,
den Haß, die Wut
einfach mitgegessen!
Runtergeschluckt!
Nie ausgespuckt!
Über Jahrhunderte
genährt eure
Kinder
als Verbündete,
damit sie
als leidvoll
Gebündelte
die Schmerzen
weitertragen,
die ihr mußtet
ertragen!

Ihr habt es nicht

vergessen!
Ihr habt die Angst, Furcht,
den Haß, die Wut
einfach mitgegessen!
Dreht es euch nicht
den Magen um?
Leert eure Gedärme
nicht auf dem Rücken
der Kinder und
folgenden Generationen,
dort haben Angst, Furcht,
Haß und Wut
nichts verloren!
Habt ihr die Stimmung
der Angst vergessen?
Angst kann man
nicht durch Angst
bekämpfen!

Kann Hunger nicht
durch Hunger
stillen,
stärkt eure Seelen
und Mägen
mit dem Willen
zu einem
furchtlosen,
friedlichen
Leben,
dann sind Haß
und Wut
bald nur noch
Erinnerungen,
durch die Stimmung
der Zeit
verspeist.

Straßenbahnkrimi

Warst du schon mal in Wuppertal?
Nein, aber in Lissabon.
Der behandschuhte Mörder schlich
auf Zehenspitzen über den Flur zum
Hotelzimmer in der fünften Etage.

Ich komme zu spät zur Arbeit.
Man sieht sich!
Aus dem Zimmer zur Südseite
drang Musik und laute Stimmen
waren zu hören.

Hey, Julian, kennst du mich noch?
Doro? Doro aus dem Karatekurs?
Als er vor der Zimmertür stand,
quietschte die Aufzugstür, er tat so,
als suchte er die Schlüsselkarte.

Hast du für die Bioarbeit gelernt?
Das krieg ich auch so hin.
Zwei Zimmermädchen mit ihren
Putzwagen beäugten ihn skeptisch
aus den Augenwinkeln.

Tam tam tam, bam bam bam,
ich fahr so gerne Straßenbahn.
Da werd ich bestens informiert,
was so die Leute interessiert.
Sind alle Mörder stets unrasiert?

Tränen lassen das Meer anschwellen

Du hast den Anker gelichtet,
niemandem davon berichtet,
von deiner Fahrt übers Meer,
der Ankerplatz einfach leer.

Freunde stehen am Ufer,
kamen an, jeder ein stiller Rufer,
suchten vergeblich nach Seilen,
um dein Schiff wieder anzuleinen.

Sie warfen Taue ins Wasser,
in der Hoffnung du faßtest
eins davon, beim Blick zurück,
du warst doch immer so geschickt.

Du warst ein Leuchtturm,
sandtest Licht ohne Sturm,
deine Wärme war Feuer,
vertrieb Ungeheuer.

Tränen rinnen über Gesichter,
die Menschen stehen dichter,
Dämmerung naht,
kein Licht, das strahlt.

Am Ufer Wehklagen erschallen,
Menschen sich in die Arme fallen,
fühlen sich in der Not unbefangen,
nasse Gesichter Wärme empfangen.

Spüren, du hast Seile zurückgelassen,
an denen sie sich können anfassen.
Spüren dein kräftiges strahlendes Licht,
ist verteilt in jedem traurigen Gesicht.

Ich hab dir nie gesagt, wie hell ich dich empfand,
hab dir nie gesagt, du bist kein Sandkorn am Strand,
hab dies alles nur für mich gefühlt und gewußt,
jetzt steh ich hier, Tränen fließen im Überfluß.

Die Seele ist ein fließendes Gewässer,
menschliche Tränen sind kein Gefühlsmesser,
doch zähle ich die Tränen der am Kai Stehenden,
sei dir gesagt, sie lassen das Meer anschwellen.

Tüte und Papier

Alles eingepackt,
schnurstracks
hinaus ins Freie,
picknicken.

Eile ist angesagt,
viele zieht es hinaus
in den Park,
um Sonne zu genießen.

Familien, Kinder,
Alte, Junge.
Neben dem Schilfteich
mein Lieblingsplatz.

Leni, es gibt jetzt kein Eis!
Können Sie Ihren
Hund nicht anleinen!
Mein Mann kommt nach.

Probier doch mal
den Nudelsalat.
Julian, nimm die Finger
aus deiner Nase!

Dann haben sie gesagt,
da hilft nur operieren.
Das ist mein Förmchen,
Mama, der hat mir…

Benji, raus
aus dem Teich!
Gestern Caro getroffen,
die ist schwanger.

Ich muß Pipi!
Charlotte, wirklich!
Ja, dringend, groß!
Hier gibt's kein Klo.

„Tschuldigung, ich hab
Tüte und Papier,
bin mit meinem
Cocker Spaniel hier!"

Typen gibt´s

Diese Anmache
kannste sein lassen,
auf so ein blödes
Grinsen reagier ich
nicht.

Putz lieber öfter
deine Zähne,
oder lern grinsen
mit geschlossenem
Mund.

Typen gibt´s,
die fühlen sich
mit einem
Muskelshirt wie
King Kong.

Hey, Bürschchen,
ich hab einen
Freund,
du flirtest
vergebens.

Hallo Schatz,
was machst du da?
Jeanette,
wie siehst du
denn aus?

Wieso?
Warum?
Den Lippenstift aus
dem Hemd
auswaschen.

Um deinen Mund
bist du von ihm
verschmiert,
ist wohl heute Mittag
im Park passiert.

Um Frieden bemüht

Jugendbewegung ist ein Gemeinsamkeitsgefühl,
keine Gruppe mit Seminarangeboten auf Befehl.
Musik, die verbinden kann, ist kein Kampfgeschrei,
selbst rhythmische Lyrik ist kein Beweis für Freisein.

Niemand wird in eine gerechte gute Welt geboren,
Mensch durch seinen Lebensweg muß dafür sorgen.
Wühlen in der Vergangenheit, im Gewesenen
hilft keinem Kranken, noch einem Genesenden.

Anstifter, Unruhestifter versuchen zu spalten,
der Sinn steht nicht nach konkreten Sachverhalten.
Der Sinn steht nicht nach utopischen, neuen Ideen,
soweit reicht Phantasie nicht, man will alte Regeln.

Verantwortliche, die Kinderverhalten ignorieren,
läßt verkümmern den Geist, Gedanken inspirieren
sich an neuen Impulsen, Mustern, Eindrücken.
Können dann sich entwickeln, eine Stufe höher rücken.

Liebe ist kein Eigentumsbegriff, Liebe gilt einheitlich,
gilt universal, ist unerschöpflich, oder für alle nicht.
Deshalb muß man nicht alles und jeden gernhaben,
das Zauberwort heißt Toleranz, nicht am Haß laben.

Anstifter, Unruhestifter brauchen Erkennungszeichen,
Empathielosigkeit läßt Vertrauen, Gespür weichen.
Freie Menschen fühlen sich unsichtbar angezogen,
Herzen, Verstand, Phantasie brauchen keine Logen.

Friedensmenschen schüren keine Ängste, keinen Haß,
da sorgt sich sogar der Löwe um das Wohl eines Schafs.
Im übertragen Sinn, freie Aufrechte um Frieden Bemühte,
legen Wert auf allgemeine, allen zugutekommende Güte.

Vergänglichkeit bedeutet kein Vergessen

Sie schimpfen auf die Jetzigen,
herzigen
die Alten,
die verstanden, zu verwalten
die Herrschaftszeiten.

Mit Gejohle
verdienen sie Kohle,
erschaffen sich Ansehen,
andere haben das Nachsehen,
genau dies wollen sie erreichen.

Aus alt mach neu,
ergibt politisch ein Gebräu
von Phrasen,
die grasen
Errungenschaften ab.

Die Manier
wird ein Spalier
der Pflicht,
und gehorchst du nicht,
bist du ein Verräter.

Vergangenes
Belastendes
hat es niemals gegeben,
nur Helden sterben,
gaben ihr Leben fürs Vaterland.

Vergeßlichkeit
führt zur Überheblichkeit
im politischen Gewande,
ignoriert die Schande
der Vergangenheit.

Verlorener Weg

Der Weg, der Weg ist verloren.
Die Weichen falsch gestellt.
Die Vögel alle weggeflogen.
Sie kennen die andere Welt.

Die letzte Feder gefunden.
Die Farben glitzern grell.
Die Menschen munkeln.
Sie fürchten sich schnell.

Das Haus ist ohne Licht.
Die Türen sind weit offen.
Die Gedanken sind es nicht.
Sie könnten noch hoffen.

Die Fenster zuknallen.
Der Sturm findet Raum.
Der Baum ist umgefallen.
Sie sitzen, atmen kaum.

Der Orkan singt ein Lied.
Die Musik schreit die Angst klein.
Die Tränen sind versiegt.
Sie fühlen der Stärke Pein.

Die Kraft hat sich gemessen.
Die Wucht sich ausgetobt.
Der Mensch hat viel vergessen.
Sie brauchen wohl die Not.

Das Herz hat viele Eindrücke,
deshalb ist die Klarheit innen,
der erste Schritt zum Glücke,
dann kann kein Weg entrinnen.

Von dir gelernt

Das erste Mal stand er im Regen,
ganz ruhig ohne sich zu bewegen.
Fast angsteinflößend seine Haltung,
besser man schenkt keine Beachtung.

Das zweite Mal schwamm er im See,
es war Winter, das Zusehen tat weh.
Er wollte wohl das andere Ufer erreichen,
das Gefühl für ihn fing an zu weichen.

Das dritte Mal saß er in der U-Bahn,
schaute vertieft sich ein Buch an.
Kein Minenspiel auf dem Gesicht,
hoffentlich bemerkt er mich nicht.

Das vierte Mal war er im Fernsehstudio,
redete vom Überleben, Survival und so.
Ein Schnösel, Angeber, ein Sonderling,
sucht Aufmerksamkeit, das ist sein Ding.

Das fünfte Mal gab´s einen lauten Knall,
meine Unachtsamkeit, der Auffahrunfall.
„Ich schaff´s schneller ans andere Ufer rüber."
Er lächelt, staunt. „Von dir gelernt, mein Lieber."

Vorbilder

Der Zug fuhr
aus dem Bahnhof.
Sie blieb, bis er nicht
mehr zu sehen war.
Gab es nicht ein Photo
mit ihren Cowboystiefeln?
Durchnäßt waren
die Socken immer.

Der Zug fuhr
aus dem Bahnhof.
Sie stand noch
atemlos, Leute winkten.
Warum hat sie die
bloß verschenkt?
Mit ihnen war sie
Revolverheld, der Gute.

Der Zug fuhr
aus dem Bahnhof.
Der lange Mantel
hielt warm.
Leichtfertig sie
Männerrollen annahm?
Kampf für Gerechtigkeit,
die Männer waren erfolgreich.

Der Zug fuhr
aus dem Bahnhof.
Ihr Blick an einem
Mädchen haften blieb.
Die Metallplättchen
durften nicht fehlen?
Der Klang ihr
Stärke verlieh.

Der Zug fuhr
aus dem Bahnhof.
Sie lächelte, denn
sie erkannte,
dies Mädchen braucht
keine Cowboystiefel.
Starke Frauen als Vorbilder
sind keine Seltenheit mehr.

Weichzeichnen der Wirklichkeit

Krug auf dem Kopf,
runder Krug, bemalt,
Wasser gefüllt,
schwappt über,
Tropfen
auf Gesicht verteilt.
Keiner eilt!

Krug auf dem Kopf,
runder Krug, bemalt,
leer,
Staub im Gesicht.
Keiner spricht!

Krug auf dem Kopf,
runder Krug, bemalt,
Kind auf
dem Rücken.
Keiner strahlt!

Krug auf dem Kopf,
runder Krug, bemalt.
Keiner zahlt!

Kein Hintergrund,
kein Vordergrund,
nichts an den Seiten,
es gibt kein Ausweichen.

Es existiert der Krug,
bemalter Krug,
der Mensch,
die Tränen,
der Staub,
das Kind,

seit Urzeiten.
Hintergrund,
Vordergrund,
die Seiten,
sind Ablenkung,
die Wirklichkeit
weich zu zeichnen.

Weißt du wie es sich anfühlt, deutsch zu sein?

Weißt du wie es sich anfühlt,
beschimpft, bespuckt
zu werden, weil deine
Hautfarbe dunkler ist
als die der anderen?

Weißt du wie es sich anfühlt,
Deutsche unter Deutschen
zu sein, aber ständig
ignoriert zu werden?

Weißt du, was deutsch ist?
Verrate es mir!
Nein, sag lieber nichts!

Ich will nie so sein!
Es ist kein Vorteil!

Ich will auch nicht
französisch, englisch,
polnisch, spanisch,
chinesisch, iranisch,
russisch, amerikanisch
sein, oder sonst mit einem
nationalen
Eigenschaftswort
in Verbindung
gebracht werden.

Wie ich bin,
habe ich meinen
Eltern zu verdanken,
ihrer Liebe zu mir,
ihrem Verständnis
für meine Sorgen,
ihre Eigenschaften
formten mein
Wesen.

Eine Nation kann
keine Kinder zeugen
und gebären,
das sind Chimären,
Hirngespinste.
Meine Persönlichkeit
steht nicht in
einem Ausweis,
mein Charakter ist es,
der mich ausweist.

Wenn der Vorhang sich kaum bewegt

Der Vorhang bewegt sich unmerklich,
das ist der Moment, es ist unsäglich,
da steht sie wieder am Fenster
traurig zugleich und finster.

Sie bewegt sich kaum
in ihrem kleinen Raum,
ihre Anwesenheit, das Warten
wird nur spürbar durch ihren Atem.

Vor Wochen verlor sie die Sprache,
ihr Hund wurde geklaut auf offener Straße.
Von hinten wurde sie angegriffen,
die Tasche mit Samson weggerissen.

Der kleine Chihuahua gab ihr Halt,
damit sie sich nicht verlor im Wald
von Erinnerungen, Gedanken,
die nach einem langen Leben den Geist umranken.

Samson nahm sie mit in sein Erleben,
frech, tollpatschig, ruhelos sein Streben.
Er gab ihr Liebe, sie Fürsorge, ein Heim,
sie waren ausgelassen, mutig, nicht allein.

Ihre Atemluft strömt so schwach,
kaum der Vorhang spürt das Naß.
Und ich, ich werd mich nie mehr aufregen,
wenn sie beide am offenen Fenster zu mir rübersehen.

Wie das schallt

Schleppende Schritte auf dem Asphalt,
Bewegungsmelder - wie das schallt.
Jeden Dienstag um viertel vor sechs
sie langsam schlürfend das Haus verläßt.

Gegenüber gehen die Gardinen zur Seite,
Herr Bruck blickt erwartungsvoll in die Weite.
Auch er längst Rentner verwitwet, schreit,
alte blinde Kuh, ich hoffe, du stirbst, wird Zeit.

Der Blindenstock ertastet die Hausecke.
Du Vogelscheuche, du Nacktschnecke,
hört sie ihn wüten und lauter brüllen,
früher trafen sie sich zum Feiern, Grillen.

Er war verliebt bis über beide Ohren,
doch ihr Herz war an Philipp verloren.
Das verzieh er ihr nie, niemals.
Heiratete Britta ganz schnell damals.

Seine Ehe mit ihr war nicht glücklich,
sie stritten ständig, für keinen erquicklich.
Er war verbittert, sie blieben kinderlos,
nebenan die Kinder wurden groß.

Ständig verglich er ihr glückliches Heim
mit seinem Leben, die Hexe war gemein.
Er jubelte, als ihr Mann früh verstarb,
verwüstete sogar heimlich sein Grab.

Und als sie alt wurde und fast erblindete,
erzählte er überall, sie schamlos schwindelte.
Jeden Dienstag um viertel vor sechs,
sie langsam schlürfend das Haus verläßt.

Sein Angebot sie dienstags in die Stadt zu fahren,
lehnte sie ab, sie wolle lieber ihre Ruhe haben.
Sein Körper kopfüber fällt auf den Asphalt,
Bewegungsmelder - wie das schallt.

Wir waren verwandt

Blütenweiße Sterne
blinken aus der Ferne.
Der Wagen schaukelt sacht
in dieser windigen Nacht.

Die Pferde sind müde,
keine Peitschenhiebe
vermögen sie anzutreiben,
im langsamen Trott sie bleiben.

Das Ziel ist, fort, fort, fort
zu einem friedlichen Ort.
Sie sind nicht alleine,
viele Wagen in der Reihe.

Hinter ihnen tobt Krieg,
Schutt, Asche fliegt
durch Rauchschwaden,
Hölle sozusagen.

Wann ist das geschehen?
Immer schon, seit Bestehen
von Intoleranz, Gier, Wut,
steigt herauf die Glut

des Zorns, der Zerstörung,
kein Wille zur Versöhnung.
Sie flüchten nach vorn,
zum nächsten Zorn.

Keine Änderung in Sicht?
Sag bloß, die gibt es nicht?
Erst wenn alles ist verbrannt,
Mensch weiß, wir waren verwandt.

Wurzeln der Liebe verbinden

Er zeigt seine vielen Wunden ganz offen,
er atmet, da bin ich sicher, das läßt hoffen.
Er kommuniziert mit vielen seinesgleichen,
er streckt seine Wurzeln aus wie Weichen.

Der Baum steht seit endlosen langen Zeiten,
hat Kriege gesehen, Leid, auch Hochzeiten.
Er spendet Schatten während des Sommers,
er trägt Früchte, die schmecken besonders.

Er ist mit den Jahren ziemlich alt geworden,
er wird besucht von Bienen, Mückenhorden.
Er ist der stille Trostspender für meine Sorgen,
ein Besuch reicht aus, ich fühl mich geborgen.

Er weiß meine Anwesenheit stets zu schätzen,
wir brauchen daher nicht laut zu schwätzen.
Er hat mir versprochen, solange zu bleiben,
bis die Schicksale uns von der Welt vertreiben.

Zeit nicht umkehrt

Rücken schmerzt,
vieles Sitzen,
stundenlang.
Luft stickig,
Schweiß, Essen,
sogar Alkohol.
Haben sie sich
verändert,
groß geworden,
eingefallen?
Jahre vorbei,
gerast,
Zeit vorbei,
gerast.
Vielleicht zehn
Minuten noch.
Luft will
nicht entweichen.

Sie stehen da,
unruhig,
aus der
Entfernung
ihre Gesichter
sind zu sehen.
Namen
werden erkannt.
Tief hinunter
beugen.
Menschen,
drängeln.
Luft entweicht.
Bus fährt.
Rücken entspannt.

Luft erfrischt.
Jahre sind gefahren,
die Zeit nicht umkehrt.

Doris Mock-Kamm,
geboren 1957 in Ludwigshafen/Bodensee.

Das Gedichtband birgt eine Auswahl ihrer Arbeiten, in denen sie das Leben mal mit lustiger, mal sarkastischer, mal nachdenklicher Form zeichnet und sich auch nicht scheut, eine klare politische Position zu beziehen.